Berlin

Wieland Giebel

Inhalt

Das Beste zu Beginn

Stadtplanung mit geschlossenen Augen

Auf den Rand des Neptunbrunnens vor dem Roten Rathaus setzen und überlegen, was dort mal gewesen sein könnte – der älteste Teil Berlins. Und was dort mal wieder hinkommen könnte. Bald sieht hier nämlich alles anders aus …

Mit dem Schiff

Kopfschütteln. Alles überraschend grün. Aber liegen alle immer am Ufer? Mit dem Schiff drei Stunden über Spree und Landwehrkanal, da merkt man, wie die Berliner sich freuen, dass Sie brav Steuern zahlen und unser Leben finanzieren. Sehen Sie uns einfach neidlos beim Chillen zu.

Ort der Erinnerung

Was wurde den jüdischen Familien angetan? Unter dem Holocaust-Mahnmal befindet sich ein kleines Museum. Es ist tief bewegend und erzeugt ohne aufgedonnerte Technik ein Gefühl für den Verlust an Kultur, erwärmt für Menschlichkeit und Respekt. Der Eintritt ist frei.

Feiern mit 10 000 Volt

Party für alle – der Laie stellt sich das so einfach vor. Unter dem Tiergarten herrscht Hochspannung. Beiderseits der Hauptbühne am Brandenburger Tor kann eine 10 000 Volt-Leitung angezapft werden, das entspricht 26 ›normalen‹ Starkstromleitungen von 400 Volt. Dieses First-Class-Hochspannungsnetz läuft unter der Bezeichnung »Silvesterring«, funktioniert aber auch bei EM, WM und Fashion Week.

Mit diesem Buch haben Sie Glück

Tragen Sie es immer deutlich sichtbar mit sich herum. Wenn ich Sie sehe, oute ich mich und frage, was Sie erlebt haben. Das passiert mindestens einmal pro Woche. – Dabei bitte nicht mit ›Autogramm‹ nerven, das ist ja hier keine Literatur. – Kommen Sie doch einfach zuerst ins Berlin Story Museum. Dort erzähle ich Ihnen via Audio-Guide, was Sie über Berlin wissen sollten. Wenn Sie dieses Buch vorzeigen, erhalten Sie ermäßigten Eintritt.

Geheimtipp ohne Touristen ...

... gibt es nicht. Sie sind überall. Ich empfehle meinen Freunden, sich mal am Landwehrkanal oder an der Spree auszuruhen, vielleicht gegenüber der Museumsinsel. An der Friedrichsgracht gibt es Bänke, mittendrin und völlig im Abseits, von denen man direkt auf das Büro des Außenministers guckt.

Einfach mal BVG fahren

Echt gut: Nicht nur mit dem Bus 100 oder 200 fahren, die gefühlt alle Sehenswürdigkeiten abdecken, sondern mit dem Bus M29 vom prekären zum blasierten Berlin, im M41 oder in der Straßenbahn M10 am Wochenende torkelnde Teenies kotzen sehen, die gerade ihr neues iPhone verloren haben. Unbesungener Held ist der N8, der Nachtbus. Oder mit der S-Ringbahn 37 km um Berlin herumfahren und BVG-Videos auf Youtube gucken.

Das Zentrum ist dicht ...

Marathon, Radfahrten, Demos, Mode-Events, Parteiveranstaltungen, Gedenkfeiern, Opernfestivals – dann fahren Busse nicht oder anders, Stadtrundfahrten leiden. Immer geht aber Laufen, Rad, U- oder S-Bahn. Es gibt kein System, Kismet ...

Gourmet zu Mensapreisen – mittags

Sehr viele sehr gute Restaurants sind mittags sehr preiswert, auch die neuen. Spontan findet man die nicht so einfach, man sollte vorher grob planen, damit es nicht immer Falafel werden. Dazu gibt es leider keine Liste, aber einige Tipps im Buch.

Was mit Büchern oder Kultur – aber keine Ahnung, wie das geht. In Berlin geht es. Jetzt führe ich einen Verlag mit Berlin-Büchern, eine Buchhandlung im Bunker, die Dokumentation »Hitler – wie konnte es geschehen« und das Berlin Story Museum, um nicht dauernd die Fragen der Kunden beantworten zu müssen.

Fragen? Erfahrungen? Ideen?

Ich freue mich auf Post.

Mein Postfach bei DuMont:
w.giebel@dumontreise.de

Das ist Berlin

Berlin war von jeher Anziehungspunkt für Menschen, die ein anderes Leben wollten und deren Lebensinhalt heute Change ist. Andere Städte kann man sich für die Rente aufheben. Berlin ist Party für alle. Anfang der Neunziger schien es so, als verhielte sich Berlin wie eine Rakete kurz nach dem Start, noch ein bisschen wie in Zeitlupe verharrend. Heute ist die Triebkraft unaufhaltsam. Nur bald der Enge der Provinz oder der Etabliertheit anderer Großstädte entfliehen!

Warum ist Berlin so hip?

Berlin ist hip und hat eine außergewöhnliche Vergangenheit. In der Stadt entwickelt sich immer wieder etwas Neues. Berlin ist um ein Drittel billiger als andere Metropolen. Essen gehen bleibt erschwinglich. In Berlin kann man gut Rad fahren. Außerdem ist Berlin ungewöhnlich grün, Bäume stehen in fast allen Straßen. Die Clubs sind das ganze Wochenende lang offen, auch für jede geschlechtliche Vorliebe. Berlin hat mehr Museen als Regentage. Immer wenn man denkt, jetzt sei es aber mal gut mit den Baustellen, wächst irgendwo ein neues Hochhaus empor oder es werden tiefe Tunnel für eine U-Bahn gegraben. Friedrich Engels gab 1885 seinen Senf dazu:»Bauen Sie das ganze Nest von oben bis unten um, dann kann vielleicht noch was Anständiges daraus werden.« Daran hält Berlin sich immer noch.

Der aufregendste Ort Europas

Heute kommt Berlin vielen wie ein Themenpark vor, erfüllt von geballter Geschichte, Exotik und dem Traum von einer großen Zukunft. Die Stadt verfällt weder in Winterschlaf noch in sommerliches Phlegma – Berlin ruht nicht, sondern bietet Anregung und Inspiration – und wird dadurch zum Elixier für alle, die bürgerlicher Saturiertheit entfliehen möchten, ganz nach Berlin kommen oder zumindest einmal reinschnuppern und zugucken möchten. Drei Themen tauchen wie Leitmotive immer wieder auf. ›Freiheitsliebe‹ – ›Tatkraft und Leidenschaft‹ – ›Hier hat jeder seine Chance‹.

Integrationskraft

Fast 1 Mio. Menschen mit Migrationshintergrund leben in Berlin (3,6 Mio. Einw.). Schon bald wird die Mehrheit der Kinder unter fünf Jahren ausländische Wurzeln haben. Viele leben in Kreuzberg, Neukölln und Wedding. Der Bezirk Mitte hat mit 28 % den höchsten Ausländeranteil. Eine äußerst heterogene Gemeinde aus ehemaligen Gastarbeitern, erfolgreichen Jungunternehmern, Politikern, strenggläubigen Moslems und jungen Frauen in knappen Kleidchen.

»Alle wollen nach Berlin«

Berlin ist Reibung, alles andere als stromlinienförmig. Stets zog es Menschen aus aller Welt in die Metropole, weil diese Stadt ihnen die Möglich-

Kreuzberg – perfektes Testgebiet für Gastro-Konzepte, alternative Lebensentwürfe oder veganes Sexspielzeug. Kann manchmal etwas vernebelt wirken.

keit zu bieten schien, zu überleben und sich eine neue Existenz aufzubauen. Angefangen bei den Hugenotten im 18. Jh. bis hin zu den Juden aus Russland und später den Schlesiern oder heute den Menschen aus ganz Europa; weil sie auf die Integrationskraft Berlins vertrauen, auf die Fähigkeit der Stadt, Neues aufzunehmen und es sogar für einen Prozess der Selbsterneuerung zu nutzen – wie eine Schlange, die sich ständig häutet. Dabei ist der Zuzug junger Leute in die Stadt enorm. Warum? – »Jeder will doch nach Berlin.« Als ›Visitors in residence‹ werden die Praktikanten und Künstler kategorisiert, die ein halbes oder ganzes Jahr in Berlin bleiben und die Kneipen in Kreuzberg bevölkern. Wie kann man die überhaupt finden? Mit Anmelden haben es die meisten ja nicht so. »Visit Berlin« schickte einfach junge Leute zu einer Art Youngster-Counting in die Kneipen. Wo kommst Du denn her? Wie lange bleibst Du wohl? Wovon lebst Du eigentlich? Berlin profitiert von den Billiglöhnen dieser unzähligen jungen Menschen.

Brüche und Umbrüche

Die Stadt ist weder zentralistisch noch hierarchisch strukturiert. Niemand kann in diesem chaotischen System sagen, er herrsche. Die Spuren jener Zeiten, in denen das anders war, sind nicht unter den Tisch gekehrt worden. An die Nazi-Zeit und die DDR-Zeit wird überall erinnert. Zum Glück. Heute sind Ost und West zusammengewachsen. Aber bereits vor 500 Mio. Jahren war Berlin zerrissen. Damals gehörten Skandinavien und Mitteleuropa zwei verschiedenen Erdschollen an, und Berlin lag mitten auf der Grenze. Baltica gehörte zu Skandinavien (Berlins Norden), Avalonia war ein Stück von Afrika (Berlins Süden).
Die heutigen Besucher scheinen die tektonischen Spannungen, den dynamischen Umbau der Stadt zu schätzen. Es lebe der Rollkoffer.

Berlin in Zahlen

0
Sperrstunden pro Tag, und das seit 1949

3
bespielte Opernhäuser (als einzige Stadt weltweit)

11,9
Millionen Menschen besuchen Berlin pro Jahr

12
Bezirke mit je einem eigenen Bürgermeister

25
D-Mark musste man zu DDR-Zeiten bei einem Besuch Ostberlins umtauschen.

30
Millionen Übernachtungen jedes Jahr

38,6
Prozent der Berliner leben von staatlicher Unterstützung.

155
km lang war die Mauer um West-Berlin von 1961 bis 1989.

180
Museen in Berlin (weit mehr als Regentage)

300
Filme und Serienfolgen werden pro Jahr hier gedreht.

892
Quadratkilometer Stadtfläche (die größte in Deutschland)

1316
Meter lang ist das längste verbliebene Stück der Mauer, die Eastside Gallery.

1500
Events pro Tag

1600
Dönerläden gibt es in Berlin, mehr als in Istanbul.

1700
Brücken (mehr als Venedig)

4800
Menschen können gleichzeitig die Deutsche Oper, die Staatsoper und die Komische Oper besuchen. Weltrekord.

76 752
Kleingärten gibt es in Berlin.

2 325 509,6
Tonnen Kohle und Lebensmittel wurden während der Luftbrücke 1948/49 in die Stadt geflogen.

368
Meter ist der Fernsehturm hoch und damit Deutschlands höchstes Gebäude.

Was ist wo?

Berlin ist ein kultur- und gesellschaftshistorisches Puzzle aus lauter faszinierenden Stückchen. Man geht nicht einfach ›ins Zentrum‹: Berlin ist dezentral, mit einer Vielzahl an lebendigen, unterschiedlichen Mittelpunkten. Berlin ist groß: 900 km² – und die grünste Metropole der Welt!

Berlins ›Mitte‹

Nirgendwo sonst in Berlin war die Grenze zwischen Ost und West so symbolträchtig und so weltentrennend wie am **Brandenburger Tor** (📖 F/G 4), das nach 1989 allerdings genauso schnell zum Symbol der Wiedervereinigung geworden ist. Richtung Osten schaut man von hier auf die Straße Unter den Linden, auf der anderen Seite ins Grün des **Tiergartens** (📖 C–F 3–5). Folgt man dem prachtvollen klassizistischen Boulevard **Unter den Linden** (📖 G/H 4), gelangt man in das geschichtsträchtige Herz der Stadt und zur Museumsinsel. Im Bezirk Mitte im Ostteil der Stadt liegen die Repräsentationsbauten der Hohenzollern. Dort residierte die Führung der DDR, und heute nutzt die Bundesregierung einen Teil der historischen Bausubstanz. So bezog das Außenministerium beispielsweise ›Erichs Festung‹, den Sitz des Zentralkomitees der SED – ursprünglich als Reichsbank gebaut. Jetzt ist das **Schloss** (📖 J 4) wieder ein Mittelpunkt der Stadt, nachdem es 500 Jahre lang das politische und gesellschaftliche Zentrum Berlins war. Als Humboldt-Forum ist es dort auferstanden, wo zwischendurch der Palast der Republik war.

Genau an der Schnittstelle von Ost und West, zwischen Reichstagsgebäude im westlichen Bezirk Tiergarten und Brandenburger Tor im östlichen Bezirk Mitte, entstand das **Regierungsviertel** (📖 F/G 3/4). Es beheimatet jetzt den neuen Superbahnhof, den ersten Kreuzungsbahnhof Berlins, der Paris und Moskau ebenso wie Elsterwerda oder Angermünde noch besser anbindet.

Auch der **Potsdamer** und der **Leipziger Platz** (📖 F/G 5), vor zwanzig Jahren noch Wüste, nach der Zerstörung im Krieg als ›Todeszone‹ nicht wieder aufgebaut, entwickelten sich zu Bindegliedern zwischen Ost und West.

Nikolaiviertel und Spandauer Vorstadt

Am Ufer der Spree erinnert noch das mittelalterlich anmutende Gassengewirr des **Nikolaiviertels** (📖 J 4) rund um die Nikolaikirche an die Wiege Berlins. Die originale Bausubstanz dieses historischen Zentrums wurde im Krieg weitgehend zerstört und durch Nachbildungen – teils durch Plattenbau – ersetzt.

In der weiter nördlich gelegenen **Spandauer Vorstadt** (📖 H–K 2/3), ein Arbeiter- und später jüdisches Viertel, geht es in den Restaurants, Galerien und Designerläden rund, besonders nachts. Künstler, Bordsteinschwalben, Berliner Urgewächse und Touristen geben sich bis zum Morgengrauen ein schrilles Stelldichein.

Charlottenburg

Der Stadtteil, der **Schloss Charlottenburg** (📖 westl. A 4) seinen Namen verdankt, war einst das bevorzugte Viertel preußischer Adeliger. Er strahlt auch heute noch immer eine gewisse Noblesse aus und ist als Wohnquartier bei ›Young Urban Professionals‹ beliebt. Zwischen Messegelände und Bahnhof Zoo treffen sich in Edellokalen und Traditionskneipen jene, die das Savoir-vivre schätzen.

Konsum und Kommerz konzentrieren sich um den gründerzeitlichen

Kurfürstendamm (📖 A–C 6). An dem von Bäumen beschatteten Boulevard, als ›Schaufenster des Westens‹ während des Kalten Krieges auf Vordermann gebracht, bestehen heute Altes und Neues nebeneinander. Die Prachtstraße lädt zum Flanieren und Shoppen ein, zum Genuss par excellence von allem, was käuflich ist. Der **Savignyplatz** (📖 A/B 5) ist das Wohnzimmer des Kurfürstendamms. Um den ganzen Platz drängen sich echte Alt-Westberliner Cafés, Kneipen und Restaurants.

Berlins Szeneviertel

Kreuzberg (📖 G–K 6–8) und **Neukölln** (📖 südl. L/M 7/8) sind ein Schmelztiegel der Kulturen. Hier wohnen viele türkische Mitbürger, und so entsteht eine richtig schöne Atmosphäre von ›Klein Istanbul‹ in Berlin. Gerade der Kiez rund um die Oranienstraße und das Kottbusser Tor ist filmreif – im wörtlichen Sinne, denn hier wird oft gedreht. Verschiedenste Geschäfte, französische Cafés neben japanischen, italienischen, vietnamesischen und – natürlich – türkischen. Die Menschen

kennen sich, das Flair ist cool und jung. Trotzdem laufen kopftuchtragende Mütter mit ihren Kindern genauso durch die Gegend wie die hippen, erfolgreichen ›Theatertürken‹, die die Szene aufmischen.

Wie in Kreuzberg vor dem Fall der Mauer fühlt man sich im neuen Szeneviertel **Friedrichshain** (📖 L/M 4/5) um den Boxhagener Platz und die Simon-Dach-Straße: für junge Touristen ein Highlight. Nettokaltmieten von rund 7 €/m² sorgen für studentisches Flair. Weiter nördlich ist in **Prenzlauer Berg** (📖 J–L 1/2), wo sich im 19. Jh. eine Mietskasernengegend ausdehnte, hat der Widerstand ›gegen die da oben‹ Tradition, auch zu DDR-Zeiten. Heute ist hier eine neue bürgerliche Idylle eingezogen, und die Kneipenszene rund um den Wasserturm und am Kollwitzplatz ist durchaus spannend.

Als Szeneviertel par excellence entpuppt sich das **Tempelhofer Feld** (📖 südl. G 8) – alle Szenen finden sich auf dieser größten, einladenden Freifläche Berlins wieder, für die das Volk gegen den Senat gekämpft hat.

Augenblicke

Baden gehen

Manche meinen, Berlin ginge bald baden. Das machen wir
täglich. Schön bei 24 Grad und mit Blick zum monumentalen
Molecule Man oder zur Oberbaumbrücke, zum Fernsehturm
und zur alten Industrielandschaft am anderen Ufer, heute
voller ›Was mit Medien‹-Hipster. Das Badeschiff ist so
optimal zum Anbandeln geeignet wie eine Kunstgalerie. Hier
hat jeder eine Chance. Dass die Ost-Grenzer in der Spree
auf Menschen schossen, dass Kinder an der Sektorengrenze
ertranken – zum Glück kaum noch vorstellbar.

No Borders

Das späte Coming Out der Mauer als Kunstwerk. Die abgehalfterten DDR-Bonzen erleben das ja noch. Was geht in deren Köpfen vor, wenn sie so etwas sehen? Wenn sie junge Menschen aus allen Ländern der Welt friedlich auf beiden Seiten ihres ›antifaschistischen Schutzwalls‹ erleben? Im Sozialismus gab es so etwas nicht. Die Welt ist aus den Fugen geraten. Zumindest ihr Weltbild. Früher war alles besser!

Freiheitswille!

Heute ist das Tempelhofer Feld der größte Abenteuerspiel-platz Berlins. Aber damals? Tempelhof war meine Rollbahn in die Freiheit. Damals, als ich drei Jahre alt war, wartete ich mit meiner Mutter auf den Flug nach Westdeutschland. Die Tragödie zuvor: Meine Mutter, eine junge Frau vom Lande, schob im Osten den Kinderwagen in die S-Bahn. Die Tür schloss sich vor ihrer Nase. Der kleine Wieland flüchtete allein. Sie stand heulend am Bahnsteig. Am ersten Bahnhof im Westen fand sie mich wieder.

Ihr Berlin-Kompass

#2
Hort der Kultur –
die Berliner Museumsinsel

#3
Mitten im Geschehen –
die Oranienburger Straße

SHOWROOM BERLIN

ausgelassen glücklich sein, wo stille HELDEN Juden halfen

#1
Berlins historische Mitte – **der Boulevard Unter den Linden**

Wie Friedrich imponieren wollte

WOMIT FANGE ICH AN?

1 2 3

15 14 13 12

Wo Zeppeline fliegen lernten ...

#15
Die große Freiheit – **Tempelhofer Feld THF**

ACHTUNG

TESTGEBIET FÜR >>>> LEBENSENTWÜRFE

#14
Kneipen, Kunst, Kreuzkölln – **Neukölln**

DIE NARBE BLEIBT SICHTBAR

#13
Das perfekte Leben – **Planet Kreuzberg**

#12
Mauerkunst – **die East Side Gallery**

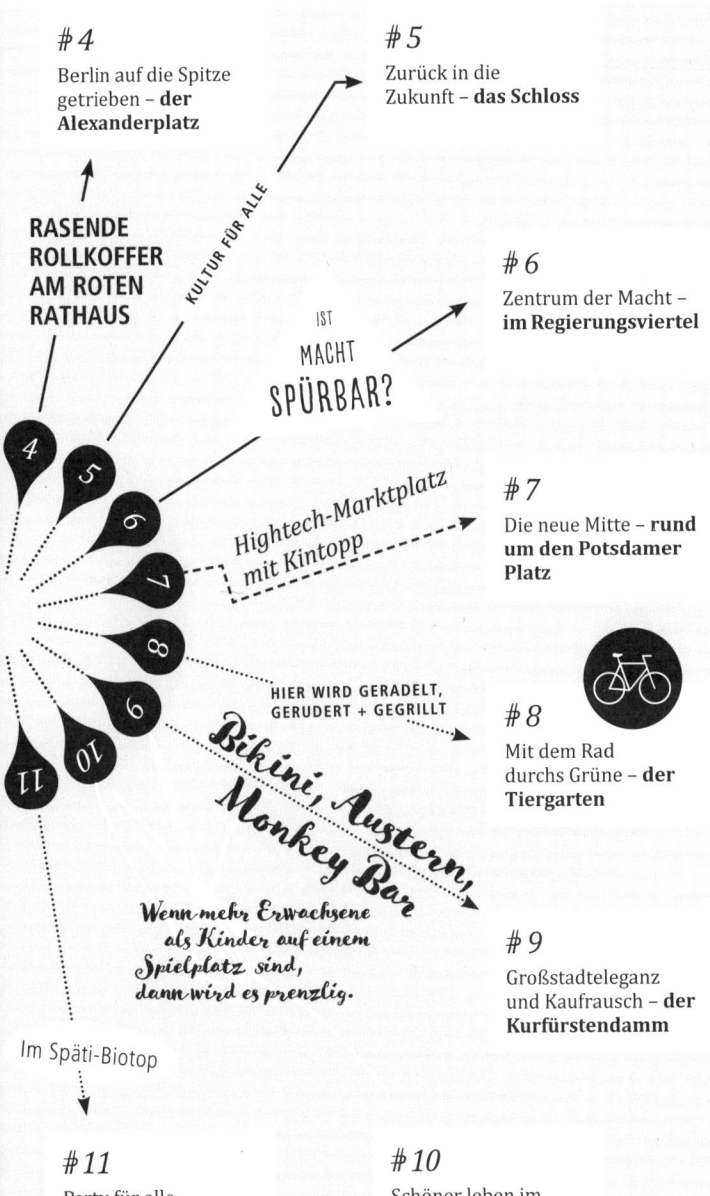

#4

Berlin auf die Spitze getrieben – **der Alexanderplatz**

#5

Zurück in die Zukunft – **das Schloss**

RASENDE ROLLKOFFER AM ROTEN RATHAUS

KULTUR FÜR ALLE

IST MACHT SPÜRBAR?

#6

Zentrum der Macht – **im Regierungsviertel**

Hightech-Marktplatz mit Kintopp

#7

Die neue Mitte – **rund um den Potsdamer Platz**

HIER WIRD GERADELT, GERUDERT + GEGRILLT

#8

Mit dem Rad durchs Grüne – **der Tiergarten**

Bikini, Austern, Monkey Bar

Wenn mehr Erwachsene als Kinder auf einem Spielplatz sind, dann wird es prenzlig.

#9

Großstadteleganz und Kaufrausch – **der Kurfürstendamm**

Im Späti-Biotop

#11

Party für alle, Tag und Nacht – **Friedrichshain**

#10

Schöner leben im Osten – **Prenzlauer Berg**

Berlins historische Mitte – **der Boulevard Unter den Linden**

Teilhaben am gesellschaftlichen Leben, Freundschaften pflegen, mittenmang sein. Dienstmädchen aus Schlesien und Pommern trafen sich am Sonntagnachmittag gern Unter den Linden. Sie hatten nur einen halben Tag frei. Die preußischen Leutnants waren da nicht weit. Elegante Damen, Herren mit Monokel, tout Berlin war unterwegs.

Willkommen auf dem geschichtsträchtigen Prachtboulevard, der wie keine andere Straße ein Symbol der Hauptstadt ist – von duftenden Lindenbäumen gesäumt und zum Flanieren gemacht.

Die einst für den Kaiser komponierte Erhabenheit ist noch zu spüren. Alle großen Staatsmänner, Könige, Fürsten und Kaiser haben hier Parade gehalten; Wilhelm I. und Otto von Bismarck wurden hier von Attentätern angegriffen.

Alles, alles, alles tun wir für Touristen. Sogar den Verkehr vom Pariser Platz vor dem Brandenburger Tor verbannen, damit jeder in Ruhe sein Selfie machen kann.

Brandenburger Tor und Pariser Platz

Das von einer Quadriga bekrönte imposante **Brandenburger Tor** 1 , das zu Zeiten der DDR in der Sperrzone lag, ist der Eingang zu den ›Linden‹, an deren Ende sich das Schloss der Hohenzollern befand. Carl Gotthard Langhans errichtete das Tor 1788–91, eine architektonische Anspielung auf die Propyläen in Athen. Durch das große Mittelportal durften übrigens vor dem Ersten Weltkrieg nur der Kaiser und seine Familie fahren.

Heute steht das Brandenburger Tor als Wahrzeichen der Stadt für die Wiedervereinigung, für Lebensfreude, für Internationalität. Jeder will hier ein Selfie machen. Auch Stars, Scheichs und Präsidenten. Das Tor dient als Kulisse, wenn wir wieder mal eine Fußballmeisterschaft gewonnen haben oder für die Silvesterfeier. Jeder Mensch auf der Welt kennt es. Das Tor ist Berlin, Deutschland und ein bisschen Europa. Es hat einen eigenen Hausmeister.

Der **Pariser Platz** 2 gleich hinter dem Tor erhielt seinen Namen 1813 nach dem Sieg über Napoleon I. Die Russen haben damals den Preußen geholfen, sonst hätte es nicht geklappt. Heute ist dieses Herzstück der Metropole wieder rundherum bebaut, darunter mit dem neu errichteten luxuriösen Traditionshotel **Adlon,** dem Haus der **Akademie der Künste** 3 oder der an ihren alten Standort zurückgekehrten **Amerikanischen Botschaft** 4 und der **Französischen Botschaft** 5 . Nicht zu vergessen: das **Max Liebermann Haus** 6 , in dem einst der Maler arbeitete und wohnte. Als noch nichts stand, als die Mauer weg war, wollte eine Städtebauministerin einen Tunnel darunter hindurch führen und begnadete Stadtplaner hätten gern einen mehrspurigen Kreisverkehr um das Tor gelegt. Die Gesellschaft Historisches Berlin gründete sich und kämpfte erfolgreich dagegen.

Die Linden, Showroom Berlins

Unter den Linden ist heute wieder ein vornehmer Boulevard, mit breiten Bürgersteigen und begrünter Mittelpromenade für Flaneure, gesäumt von Geschäften, Showrooms, Cafés und Firmenrepräsentanzen. Zwischen Glinka- und Wilhelmstraße hat die **Russische Botschaft** 7 schon seit 1837 ihren Sitz – mit Unterbrechungen zu Zeiten der Weltkriege. Auf der anderen Straßenseite beherbergt der Gebäudeblock zwischen Neustädter

BAHNBAU

Die **Kanzlerbahn** dominiert seit 2012 mehrere Jahre lang als Baustelle die Linden, denn die U5 soll vom Hauptbahnhof über das Kanzleramt und das Brandenburger Tor jetzt zum Roten Rathaus und weiter zum Alexanderplatz führen. An der Kreuzung Friedrichstraße entsteht ein Umsteigebahnhof zur U6. Wenn alles gut geht, fährt die U5 ab 2020 – und die verdammte Baustelle verschwindet endlich.

Hier hat jeder seine Chance – zu demonstrieren. Muss sein. Das Recht auf freie Meinungsäußerung unterscheidet unseren Staat von dem der Diktaturen, gegen die am Brandenburger Tor die Stimme erhoben wird. Auch wenn es um Umwelt, Handelsabkommen, die Rente oder die Legalisierung von Cannabis geht, jeder will doch gern ein Bild mit Brandenburger Tor. Das Merkblatt zur Anmeldung von Aufzügen unter freiem Himmel kann man bei der Versammlungsbehörde downloaden.

ÜBRIGENS

Auf dem Bebelplatz markiert eine in den Boden eingelassene, von einer Glasplatte abgedeckte, leere Bibliothek die Stelle, an der die Nationalsozialisten 1933 ihre barbarische **Bücherverbrennung** inszenierten.

Weihnachtsbeleuchtung und »darf's etwas mehr sein?« – noch eine Pre-Weihnachtsbeleuchtung: »Festival of Lights« oder Berlin leuchtet, fast so früh wie die Weihnachtsmänner im Supermarkt.

Kirchstraße und Friedrichstraße die letzten Geschäftshäuser aus der Kaiserzeit. Hier residiert nun das **ZDF-Hauptstadtstudio** ❶. Die Kreuzung von Linden und Friedrichstraße war einst ein Zentrum der ›Roaring Twenties‹.

Die Repräsentationsbauten

Die ganz dem Stil der wilhelminischen Repräsentationsarchitektur verpflichtete modern ausgestattete **Staatsbibliothek** 8 nimmt ein ganzes Karree ein. Direkt daneben steht die 1810 von Wilhelm von Humboldt gegründete **Humboldt-Universität** 9. Sie ist im ehemaligen Prinz-Heinrich-Palais untergekommen, das Friedrich der Große für seinen Bruder und dessen Gattin bauen ließ. Zum Zweck der eigenen Haushaltsgründung hatte Prinz Heinrich geheiratet – eigentlich war er homosexuell. Es gab zwei Eingangsportale. So konnten sich die Eheleute besser aus dem Weg gehen.

Auch das Gebäudeensemble am Bebelplatz alias Forum Fridericianum trägt die Handschrift des Preußenkönigs, der hier als **Reiterstatue** 10 thront. Die Westseite des Platzes rahmt die barock geschwungene Fassade der ›Kommode‹, der **Alten Bibliothek** 11, jetzt juristische Fakultät der Uni. An der Ostseite prunkt die von Knobelsdorff als Königliche Hofoper erbaute **Staatsoper Unter den Linden** 12, die 1742 als erstes Bauwerk Friedrichs überhaupt eröffnet und mehrfach umgebaut wurde. Friedrich der Große komponierte und nahm seine Kapelle immer mit in den Krieg, damit er sich abends beim Flötenspiel entspannen konnte.

Im Hintergrund steht die **St. Hedwigs-Kathedrale** 13, eine der wenigen katholischen Kirchen Berlins. Friedrich der Große ordnete ihren Bau den in Berlin angesiedelten Schlesiern zuliebe an – bezahlen mussten die adeligen Gläubigen den großen Rundbau freilich selbst.

Die **Neue Wache** 14, in der seit 1993 der Opfer von Krieg und Gewaltherrschaft gedacht wird, ließ Schinkel, der Lieblingsarchitekt der klassizistischen Epoche, wie ein römisches Kastell anlegen – ein Eindruck, der durch das dahinter gepflanzte Kastanienwäldchen noch verstärkt wird.

Beiderseits der Schlossbrücke

Bezaubernd wirken die Bäume vor allem, wenn man auf den **Pei-Bau** zuhält, den der chine-

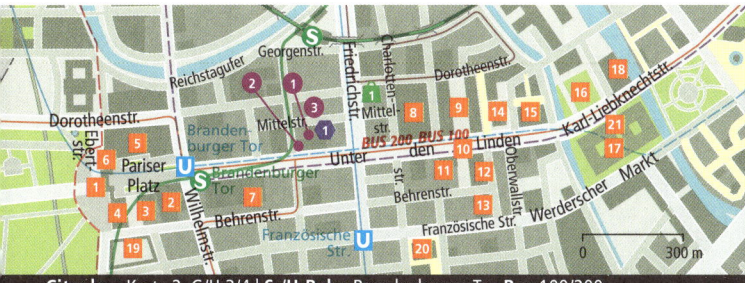

Cityplan: Karte 2, G/H 3/4 | **S-/U-Bahn** Brandenburger Tor, **Bus** 100/200

INFOS/ÖFFNUNGSZEITEN

Max Liebermann Haus 6 : www.
stiftungbrandenburgertor.de/stiftung/
max-liebermann-haus, Mi–Fr 11–18, Sa/
So 11–18, Mo bis 20 Uhr, Di geschl.,
Eintritt je nach Ausstellung
St. Hedwigs-Kathedrale 13 : www.
hedwigs-kathedrale.de, Mo–Sa 11–17,
So 11–12 Uhr
Neue Wache 14 : www.visitberlin.de/
de/neue-wache, tgl. 10–18 Uhr
Deutsches Historisches Museum 15 :
Unter den Linden 2, www.dhm.de, tgl.
10–18 Uhr, 8/4 €, unter 18 Jahren frei
Berliner Dom 18 : www.berliner-dom.
de, Mo–Sa 9–20, So ab 12 Uhr, außer
bei Gottesdiensten, 7/5 €
Holocaust-Mahnmal-Ausstellung
19 : April–Sept. Di–So 10–20, Okt.–März
Di–So 10–19 Uhr, Eintritt frei
Humboldt-Box 21 : www.humboldt-box.
com, März–Nov. tgl. 10–19, sonst bis 18
Uhr, Eintritt frei

LIVE DABEI IM FERNSEHEN

Im Zollernhof im **ZDF-Hauptstadtstudio** 1 nimmt Maybrit Illner ihre
ZDF-Talkshow mit prominenten Gästen
auf (Unter den Linden 36, Do 22.15
Uhr). Teilnahmekarten unter veran-
staltungen@zdf.de, 12 €

KULINARISCHES FÜR ZWISCHENDURCH

Nur Starbucks kann sich die Miete am
Pariser Platz noch leisten. Ein kleineres
Café 1 findet man im Zollernhof (Unter

den Linden 36), dort ist auch ein Maredo
Steakhouse, wo eine Schüssel Salat zum
Mitnehmen um die 5 € kostet.
Im **Café Einstein** 2 (Unter den Linden
42, T 030 204 36 32, www.einstein-udl.
com, tgl. 7–22 Uhr, 8–22 €) trifft sich
der eine oder andere Minister gern zum
Frühstück (super Fischplatte »Sylt«) mit
Journalisten. Kaffee aus eigener Rösterei
und extravagante Wiener Torten.
Schön sitzt man auf dem Trottoir oder
auf der Mittelpromenade von Unter den
Linden.
Im japanischen Schnellrestaurant **Ishin**
3 (Mittelstr. 24, www.ishin.de, Mo–Fr
11.30–21.30, Sa ab 12 Uhr) gibt es
schnelle, gute Küche, vor allem Sushi und
andere Fischgerichte – und man erlebt
die Mitte live, touristenfreie Zone.

BERLINARIA, BÜCHER UND MEHR

VW, Mercedes, Miele, Nivea, Tele-
kom und Douglas – das sind heute
die Platzhirsche an der Kreuzung
Friedrichstraße /Unter den Linden. Aber
um die Ecke liegt das ›KulturKaufhaus‹
Dussmann 1 mit einer Riesenauswahl
an Büchern, CDs und DVDs auf fünf
Etagen. Man kann den Mitarbeitern
etwas vorsingen oder nachspielen – die
kennen das, greifen ins Regal und ab
geht es zur Kasse. Vielleicht hat sich
Dussmann wegen seiner guten Mitar-
beiterInnen als einziges unabhängiges
Medienkaufhaus gehalten (Friedrichstr.
90, www.kulturkaufhaus.de, Mo–Fr
10–24, Sa 10–23.30 Uhr).

sisch-amerikanische Architekt leoh Ming Pei im Alter von mehr als 80 Jahren entwarf. Eine Sonnenarchitektur, die Glas und Stahl durchdacht einsetzt, ein Ort gelungener Hauptstadtarchitektur. Er bereichert das historische Zeughaus (1695–1706), in dem das **Deutsche Historische Museum (DHM)** 15 untergebracht ist, um Sonderausstellungsflächen.

Den **Lustgarten** 16 auf der anderen Seite des Kupfergrabens habe ich einst, als der Osten gerade auf war, auf der Suche nach einem Konzert der Leningrad Cowboys gar nicht gefunden. Da war nur ein Aufmarschplatz, der nach Nazi-Zeit aussah und, wie sich herausstellte, auch von der DDR gut gebraucht werden konnte. Ein sozialdemokratischer Stadtentwicklungssenator stellte das Nazi-Pflaster nach dem Fall der Mauer unter Denkmalschutz. Jetzt ist es trotzdem weg. Im Sinne Schinkels wurde der Lustgarten auf Initiative der Gesellschaft Historisches Berlin hin neu begrünt.

Er bildete als Eingang zur Museumsinsel die symbolische Einheit von Kirche (Dom), Kunst (Altes Museum), Militär (Zeughaus, jetzt DHM) und Staat (Schloss). Steht man hier, das Alte Museum im Rücken, den Dom zur Linken, den Lustgarten zu Füßen, wird man die überragende Bedeutung des

Lustgarten. Ziemliche Lust im Garten. Dazu hieß der Gärtner, der ihn ursprünglich anlegte, auch noch Hanf. Friedrich der Große ließ hier von Soldaten bewachte Kartoffeln anbauen, aber so, dass sie geklaut werden konnten. Seine Bauern wollten nämlich die neu eingeführten Kartoffeln nicht. Der geniale Marketingstratege Fritz verknappte die Ware und machte sie begehrenswert.

Schlosses 17 erkennen. Obwohl im Zweiten Weltkrieg nur zum Teil zerstört, ließ Walter Ulbricht, Generalsekretär der SED, das Schloss 1950 sprengen, damit nichts von Preußen übrig blieb.

Der **Berliner Dom** 18 – für eine protestantische Kirche blitzt und blinkt es hier erstaunlich. Von außen schon beeindruckend, kommt man innen aus dem Staunen nicht heraus. Die Hohenzollern-Herrscher passten den Bau immer wieder dem Zeitgeschmack an, ein eklektizistisches Best-Of aller Stilrichtungen. Das Gotteshaus wurde nach Plänen von Julius Raschdorf unter Kaiser Wilhelm II. 1905 fertiggestellt. Prachtvoll sind die 100 Sarkophage mit den Gebeinen der Hohenzollern-Herrscher – die liegen da tatsächlich, das sind keine Ausstellungsstücke –, gewaltig die klassischen Konzerte auf der Orgel mit 7200 Pfeifen.

Das mutigste Denkmal Berlins

Nur ein paar Schritte vom Brandenburger Tor Richtung Potsdamer Platz, und man befindet sich mitten im Stelenfeld, das Peter Eisenman als **Holocaust-Mahnmal** 19 gestaltete. 2711 Betonstelen in unterschiedlicher, unregelmäßiger Größe, ein Irrgarten aus nacktem Beton, in dem sich ein Gefühl der Verlorenheit einstellt. Es stimmt nachdenklich und schafft so die Verbindung zu den Opfern der Naziverfolgung. Unterirdisch gibt es eine bewegende Gedenkstätte, die Einzel- und Familienschicksale dokumentiert.

→ UM DIE ECKE

Alle lieben den **Gendarmenmarkt** 20. Ein Höhepunkt klassizistischer Baukunst. Da stimmen die Proportionen der beiden Dome und des Konzerthauses. Obendrein symbolisiert die Schiller-Statue den humanistischen Geist. Selbst die Neubauten in der nahen Friedrichstraße spielen sich nicht auf, sondern nehmen sich zurück.

Toleranz gehört zum Ursprung des Ortes, denn in der ›Friedrichstadt‹ wurden nach 1685 Hugenotten angesiedelt, aus Frankreich vertriebene Glaubensflüchtlinge. Ein Drittel der Bevölkerung sprach damals Französisch, brachte Handwerk, Handel und Wohlstand. Die Revolutionäre von 1848, unsere mutigen, selbstlosen Vorkämpfer für Meinungsfreiheit und Demokratie, bahrten dort Särge von 184 Toten aus ihren Reihen auf.

I INFOBOX

Das blaue Raumschiff gegenüber vom Lustgarten ist die **Humboldt-Box** 21. Sie steht, bis das Schloss fertig ist (2019 oder so). Die Dachterrasse (Fahrstuhl auf der Rückseite der Box) liegt auf Höhe der Schlossbalustrade. Der Schlossverein informiert in der privat finanzierten Humboldt-Box. Auch die Museen stellen sich mit gelegentlich wechselnden Ausstellungen vor – Appetizer für das Schloss.

2

Ein Hort der Kultur – **die Berliner Museumsinsel**

Eine ›Insel‹ voller Kunst und unschätzbar wertvoller Altertümer: Mit der Museumsinsel hat sich Berlin ein Denkmal gesetzt, das seinesgleichen sucht. Betritt man dieses Weltkulturerbe der UNESCO, ist man rettungslos verloren im Geist des Gehaltvollen, Schönen und Alten – bis hin zu den Gebäuden.

Die Nazis hatten sich hier einen Aufmarschplatz gepflastert, ein SPD-Senator stellte ihn nach dem Mauerfall unter Denkmalschutz, eine Bürgerinitiative machte so lange Terz, bis die Lust im Stile Schinkels in den Garten zurückkehren durfte.

Im Jahr 1830 wurde vom großen Berliner Architekten Karl Friedrich Schinkel das erste Museum, das sogenannte **Alte Museum** 1, nach dem Wunsch Friedrich Wilhelms III. errichtet. Das Ziel war, in Berlin den Anschluss Preußens an die Kulturstädte London und Paris zu erreichen, die mit dem British Museum und dem Louvre großartige Kulturstätten für die Bevölkerung geschaffen hatten. Berlin wuchs beständig, und die Sehnsucht danach, eine auf allen Ebenen bedeutende Metropole zu werden, schlug sich unter anderem im Bau des Museums nieder. Schon bald wurde das Alte Museum zu klein für die Vielzahl an Exponaten. Das **Neue Museum** 2 folgte 1855, Schinkels Schüler Friedrich August Stüler entwarf es.

1871, im Jahr, in dem der König von Preußen zum ersten Deutschen Kaiser gekrönt und das Deutsche Reich gegründet wurde, eröffnete die **Alte Nationalgalerie** 3 als drittes Museum auf der Insel. Kurz darauf ergänzte das **Bode-Museum** 4 das Ensemble. Es hieß damals noch Kaiser-Friedrich-Museum und wurde erst später nach seinem Gründer Wilhelm von Bode benannt, der entscheidenden Einfluss auf die Entwicklung der Berliner Kunstsammlungen hatte.

Zuletzt kam 1930 das **Pergamonmuseum** 5 als Erweiterung eines bereits 1901 eröffneten Museums hinzu, das für all die großen Schätze des Orients zu klein geworden war.

Das Alte Museum

Dieser Bau, der zunächst **Königliches Museum** hieß, wurde im Geiste seiner Zeit gestaltet. Seine Ausstellungsstücke sollten die Seele erbauen und dem selbstbewusster werdenden Bürgertum der Stadt eine angemessene Möglichkeit zu umfassender kultureller Bildung ermöglichen.

Das Alte Museum steht am Eingang zur Museumsinsel und ergänzte das Ensemble von Dom, Zeughaus und dem gegenüberliegenden Schloss um eine Stätte der Kunst und der Wissenschaft. Mit seiner 87 m langen und mit Säulen geschmückten Front im antikisierenden Stil des Klassizismus erfüllt es seine Aufgabe hervorragend. Die vor dem Haus stehende Granitschale war eigentlich für das Innere geplant, fiel aber mit ihren 7 m Durchmesser derart monumental aus, dass sie dort keinen Platz fand. Das Museum beherbergt heute die Antikensammlung der Staatlichen Museen zu Berlin und zeigt Kunst und Skulpturen der Griechen und Römer.

Das Neue Museum

Dies ist vielleicht der prachtvollste Bau des Ensembles. Die reich verzierten Kuppelsäle entführen Besucher in vergangene Epochen und bieten ein umfassendes Bildungserlebnis mit didaktischer

ÜBRIGENS

In der Alten Nationalgalerie steht die **Prinzessinnengruppe** von **Johann Gottfried Schadow:** zwei Schwestern, Arm in Arm, lebensgroß und aus Marmor, nämlich die preußische Kronprinzessin und spätere Königin Luise und ihre jüngere Schwester Friederike. Neben der Quadriga auf dem Brandenburger Tor ist die berühmte Doppelskulptur Schadows bedeutendstes Werk.

INFOS/ÖFFNUNGSZEITEN

Infos zur Museumsinsel: T 030 266 42 42 42, www.smb.museum. Online prüfen, für welche Museen gerade Einlasszeiten/Slots von 30 Min. gelten (alle Öffnungszeiten sowie aktuelle Infos unter www.smb.museum/besuch-planen.html).

Altes Museum `1`: Am Lustgarten, Di/Mi, Fr–So 10–18, Do 10–20 Uhr, 10/5 €

Neues Museum `2`: Bodestr. 1–3, tgl. 10–18, Do–20 Uhr, 12/6 €. Für dieses Museum brauchen Sie eine Zeitfensterkarte, die an jeder anderen Museumskasse ausgehändigt wird oder unter www.neues-museum.de, T 030 266 42 42 42 (Mo–Fr 9–16 Uhr), bestellt werden kann.

Alte Nationalgalerie `3`: Bodestr. 1–3, Di/Mi u. Fr–So 10–18, Do 10–22 Uhr, 12/6 €

Bode-Museum `4`: Am Kupfergraben 1, Di/Mi, Fr–So 10–18, Do 10–22 Uhr, 8/4 €

Pergamonmuseum `5`: Am Kupfergraben 5, tgl. 10–18, Do bis 21 Uhr, 12/6 €, bis 18 J. Eintritt frei. (Der Pergamonaltar wird für längere Zeit restauriert und kann nicht besucht werden. Er wird wohl zeitgleich mit dem BER fertig.)

AUDIOGUIDES

In allen Museen ist ein Audioguide mit guten Infos zu Schätzen und Gebäuden im Eintrittspreis enthalten. Für das Pergamonmuseum gibt es eine Audioführung, die Besucher von Exponat zu Exponat mitnimmt.

KULINARISCHES FÜR ZWISCHENDURCH

Das **Café im Bode-Museum** `1` ist sicherlich das schönste auf der Museumsinsel (auch für Nicht-Museumsbesucher): Lichtdurchflutet und äußerst elegant liegt es im zweiten Stock des Gebäudes (Di/Mi, Fr–So 10–18, Do 10–22 Uhr).

PANORAMATOUREN

Einen besonders schönen Blick auf die Museumsinsel hat man von der Ebertsowie der Monbijoubrücke und von der Uferstraße Am Kupfergraben/Am Zeughaus. Oder man macht vom Anleger vor dem Deutschen Historischen Museum bzw. vor dem Berliner Dom eine **Bootstour** um die Mitte Berlins (www.berlin.de/tourismus/dampferfahrten).

Cityplan: Karte 2, H/J 3 | **S-Bahn** Hackescher Markt, **Bus** 100

Raumaufteilung. Im Zweiten Weltkrieg wurde das Gebäude fast völlig zerstört, zu DDR-Zeiten huschten hier Mäuse durch die Ruinen. Der englische Architekt David Chipperfield restaurierte das Neue Museum auf beeindruckende Weise, indem er Originalteile mit den daran entstandenen Schäden quasi als historische Schichten sichtbar beließ.

So wurde aus dem vernarbten Haus selbst ein
Kunstwerk.

Hier finden Sie die archäologischen Sammlun-
gen des ägyptischen Museums und die Papyrus-
sammlung sowie großartige Kunst aus der
Antikensammlung. Zu den berühmtesten Ausstel-
lungsstücken zählt die Büste der **Nofretete** aus
dem 14. Jh. v. Chr.

Alte Nationalgalerie

Die Skizzen zur Nationalgalerie mit ihrer zweiflü-
geligen monumentalen Außentreppe und den Kolonnaden aus Sandstein hatte Friedrich Wilhelm IV.
noch persönlich angefertigt. Der wuchtige, auf
einem 12 m hohen Sockel stehende Bau zeigt die
architektonische Vorliebe für das antike Griechenland, er wurde originalgetreu restauriert. Das Museum sollte moderne, vor allem preußische Kunst
aufnehmen und speiste sich zunächst aus Samm-
lungen, die der Stadt von Privatpersonen geschenkt
und vererbt wurden.

Caspar David Friedrich, der als Allrounder auch
noch malende **Karl Friedrich Schinkel,** Preußens
großer Realist und Königsmaler **Adolph Menzel,**
Auguste Rodin und **Édouard Manet** sind nur einige der Künstler, deren Werke hier ausgestellt sind.

Das Bode-Museum

Der neobarocke Bau befindet sich an der Spitze
des Eilands, rundet dieses ab und bietet ein herrli-
ches Bild über die Ebertbrücke/Tucholskystraße aus.
Entsprechend oft wird er fotografiert.

Die großen Werke der europäischen Kunstge-
schichte von der Romantik bis zum Frühklassizismus
werden umfassend in der **Skulpturensammlung**
gezeigt. Ein beachtlicher Fundus an **Kirchenschät-
zen** wurde mit den großen Altarbildern aus ganz
Deutschland zusammengetragen.

In der Gestaltung der Räume und des Lichts hat
Architekt Ernst von Ihne wirklich Wunderbares ge-

schaffen: von der originalen Kopie der Wohnräume des Stifters James Simon über herrliche Treppenhäuser und Kuppelhallen bis zur Basilika, die den Eindruck eines Kirchenraums schafft. Außerdem beherbergt das Museum das Münzkabinett, die metallene Chronik der Menschheitsgeschichte, und die Ausstellung des Byzantinischen Museums.

Das Pergamonmuseum

Dieses Museum ist das zurzeit bestbesuchte. Die Kunstwerke, die es hier vor allem zu bestaunen gibt, sind monumental und ganze Gebäudeabschnitte füllend. So stellen sie anschaulich kunsthistorische Zusammenhänge her. Zunächst der knapp 36 m breite Pergamonaltar: Er nimmt einen ganzen Raum ein und ist mehr ein Tempel als das, was man normalerweise unter einem Altar versteht. Die griechische Stadt Pergamon (in der heutigen Türkei) baute ihn mit dem Pergamon-Fries, der Kampfszenen von Göttern gegen Giganten zeigt, als Zeugnis der Siege über die Kelten.

Die Prachtstraße von Babylon mit dem Ischtartor ist in ihrer leuchtenden Blaufärbung und ihrer Länge erstaunlich: Sie schreiten einen Weg entlang, flankiert von wilden Löwen, die friesartig aus der lasierten Ziegelwand herauszutreten scheinen, und auf das riesige Tor zu. Hier ahnt man, was die Stunde geschlagen hatte, wenn Fremde sich der Stadt Babylon näherten.

Das Markttor von Milet aus der römischen Kaiserzeit versetzt Besucher in eine römische Stadt zu Beginn der Zeitrechnung.

ÜBRIGENS

Nach Entwürfen des Briten David Chipperfield, dessen Arbeit am Neuen Museum 2010 mit dem Europa-Nostra-Award für besondere Rekonstruktionsleistungen ausgezeichnet wurde, soll 2019 die **James-Simon-Galerie** 7 fertiggestellt sein, ein Empfangsgebäude für die Gäste der Museumsinsel mitsamt einer unterirdischen archäologischen Promenade, die alle Museen außer der Alten Nationalgalerie miteinander verbindet. Die Galerie wartet im Übrigen mit der teuersten Museumsgarderobe der Welt auf – 134 Mio. €.

→ **UM DIE ECKE**

»Alle wollen nach Berlin«, das meint auch Ernst Freiberger, der früher Eishersteller war, einen Pizza-Großbetrieb hatte und jetzt gegenüber vom Bode-Museum ein komplettes Areal gekauft hat und entwickelt: das **Forum an der Museumsinsel** 6. Die von Martin Gropius entworfene ehemalige Frauenklinik, in der Prof. Sauerbruch lehrte, wurde von David Chipperfield restauriert. Das Logenhaus der preußischen Freimaurer stammt aus dem Jahr 1791. Dieses Ensemble ist ein Beispiel dafür, wie private Investitionen aus 100 oder 200 Jahre alten Häusern städtebauliche Perlen entwickeln und einen ganzen Kiez revitalisieren können.

Mitten im Geschehen – **die Oranienburger Straße**

Alles voller Juden mit Kippa und Zottelbart. Damals in der Spandauer Vorstadt. Sie kamen aus dem Osten. Und heute? Chinesen, Inder, Engländer, Holländer. Welche aus Island. EasyJet, Wizz oder RyanAir. Ist das überhaupt interessant? Inspiration im Sinne von Beseelung erfährt man eher weniger. Aber etwas für sich mitnehmen kann man auf alle Fälle.

Die Spandauer Vorstadt nordöstlich der Museumsinsel blieb von den Bombenschlägen des Zweiten Weltkriegs weitgehend verschont. Im denkmalgeschützten Baubestand finden sich die typischen Berliner Höfe und Spuren des einstigen jüdischen Lebens in der Stadt. Eine der lebendigs-

Weniger gut als Parship: wenn Mädels und Jungs in Rudeln auftauchen. Die Krönung: Junggesellenabschiede oder, noch schlimmer, Hen Partys mit kreischenden Weibern.

ten Gegenden der Metropole mit Restaurants und Läden, Künstlerateliers und Galerien.

Die schönsten Höfe Berlins

Elegant und ansprechend sind die **Hackeschen Höfe** ①, einst der größte Wohn- und Gewerbehof Europas. Die prachtvollen Jugendstilfassaden, die die Regierung der DDR als Überreste bürgerlicher Dekadenz abschlagen ließ, sind nach der Wende mit immensem Aufwand restauriert worden. Mehrere Innen- und Hinterhöfe schließen aneinander an und verzweigen sich zu einem Berliner Architektur-Erlebnis – einer der schönsten Orte der ganzen Stadt. Gezielt wurde die neue Pracht durch Restaurants, Kneipen, Varietés und Modeateliers mit Leben erfüllt. Die Geschäfte sind inhabergeführt und verkaufen Produkte, die, soweit möglich, in den Höfen gestaltet, hergestellt oder weiterverarbeitet werden.

Wirkt freakig, verschlägt einem aber die Sprache, wenn man drin ist, in der Blindenwerkstatt, in der Otto Weidt Juden versteckte. Von dem kann man sich eine Scheibe abschneiden.

Zeugen anderer Zeiten

Davon, wie bunt es hier Anfang der 1990er-Jahre zuging, erzählt noch das **Haus Schwarzenberg** ②: Künstler und Studenten mieteten das baufällige

Berlin auf die Spitze getrieben – **der Alexanderplatz**

Der Alex ist ein Platz für Berliner, ein Platz für den Alltag – keine architektonische Schönheit wie der Gendarmenmarkt oder der Pariser Platz. Meditieren kann man im Kloster, was Tempo heißt, erlebt man am Alex – so wie in den 1920er-Jahren, als sein Mythos begründet wurde.

Auf, unter und über dem Platz spielt sich alles ab, was eine Metropole ausmacht. Fliegender Handel mit Würstchen ebenso wie mit Russenmützen, Lederwaren oder südamerikanischem Silberschmuck, Fahrrad-Taxis, Rikschas und Velotaxis auf der Suche nach Kundschaft, Unterschriftensammeln für eine bessere Welt oder politische

Am häufigsten wollen Franzosen »Berlin Alexanderplatz« lesen. Keine Angst vor dicken Wälzern. Heute hat man auf dem Alex mit einer ähnlichen Welt zu tun: komische Leute, Hochgeschwindigkeit und in Harmonie gebettete türkische Gemüsehändler.

Fernsehturm 2: www.tv-turm.de, Panorama-Etage tgl. 9–24 Uhr, ab 15,50 €,

Kinder 4–16 J. 9,50 €, vor Ort an der Kasse 13/8,50 €. Blick aus 203 m Höhe über die Stadt
Rotes Rathaus 3: www.visitberlin.de/de/berliner-rathaus, Mo–Fr 9–18 Uhr
Marienkirche 4: www.marienkirche-berlin.de, Führungen möglich
Nikolaikirche 7: www.stadtmuseum.de/nikolaikirche, tgl. 10–18 Uhr, 5/3 € (inkl. Audioguide), bis 18 J. frei
Aussichtsplattform Park Inn Hotel 1: 150 m hoch neben dem Fernsehturm, www.parkinn-berlin.de, Sommer 11–22, Winter 11–18 Uhr, 4 €. Man kann auch am Gummiband knapp 100 m tief herunterspringen (Base Flying, www.jochen-schweizer.de, ab 79,90 €).

KULINARISCHES FÜR ZWISCHENDURCH

›**Alex Spezial‹**: Eine schnelle Currywurst auf die Hand? Auf dem Alex bieten mobile Bauchläden Grillwürste, Rostbratwürste oder Currywürste für kleines Geld an.

MAL AUSTRETEN?

Unter dem Platz liegt die **großstädtischste Toilette** Berlins, ein Meisterstück der Firma WALL – hell, großzügig, clean.

Cityplan: Karte 2, J/K 3/4 | **U-/S-Bahn** Alexanderplatz, **Tram** M2, M4, M5, M6, **Bus** 100, 200, 248, TXL, M48

Demonstrationen. Karawanen von Rollkoffern schieben sich täglich über den Platz. Unter dem Alex treffen sich die U2, U5 und U8, oben quietschen die S-Bahnen, und die Fernbahn rollt auf der Gleisstrecke Paris–Moskau vorüber, mitten durch die Stadt.

Die Markenzeichen des Alex

Am Alex studiert man Shopping-Kultur: Trend-Shops und Flagship Stores gibt es en masse. Schon zu Zeiten der DDR wurde er zum Einkaufszentrum ausgebaut – und zum Aufmarschplatz. Als hier

Weltzeituhr am Alex

jedoch im Oktober 1989 eine halbe Million Unzufriedener aufmarschierte, brach die DDR nach wenigen Tagen zusammen.

Zielstrebig steuern Menschen die Handy-Shops, Galeria Kaufhof, Primark, Saturn oder den Media-Markt an. Richtung Jannowitzbrücke steht das **Alexa** – eine riesige Mall, architektonisch wirklich geschmacklos. Sie wäre besser an einer Autobahnausfahrt platziert.

Beliebter Treffpunkt auf dem Alex ist seit 1969 die **Weltzeituhr** . Sie besteht aus einem 24-seitigen Metallzylinder, der auf eine Säule aufgesetzt ist und die 24 Zeitzonen der Erde repräsentiert. Etwas abseits des Platzes reckt sich der **Fernsehturm** 368 m hoch in den Himmel; nur 40 Sekunden dauert die Fahrt mit dem Lift zur Aussichtsplattform in 203 m Höhe.

Zum Marx-Engels-Forum

Der Fernsehturm steht an einem Platz ohne Namen, einem Ausläufer des Alex. Ebenso das **Rote Rathaus** , ein Ziegelsteinbau von 1869, der heute wieder Sitz des Regierenden Bürgermeisters ist (Paradegeschoss, links). Die **Marienkirche** gegenüber geht auf das 13. Jh. zurück, die älteste sakral genutzte Kirche Berlins.

Man sieht nur, was man weiß. Hier ahnt man, dass es zwischen Fernsehturm und Schloss so

Der Platz, der seinen Namen 1805 nach einem Besuch des russischen Zaren Alexander I. erhielt, wird ständig umgestaltet. Es tut ihm gut, wenn alles etwas dichter wird, die Bebauung nicht so lückenhaft wirkt. Momentan ist ein 150 m hoher **Wohnturm** geplant mit etwa 300 Wohnungen, ein in sich verdrehter Würfel. Die 250 Mio. € liegen schon auf dem Tisch, aber – so mahnte jetzt die BVG – unter dem geplanten Hochhaus befindet sich die U-Bahn. Ob das gutgeht?

Straßenmaler legen auf ihrer Welt-Tournee immer einen Halt am Alex ein. Oder vor der Gedächtniskirche.

A
AUSSICHT

Verspiegelt wurde das Park Inn Hotel erst Mitte der 2000er-Jahre, ursprünglich gebaut dagegen schon zwischen 1967 und 1970. Von seiner **Aussichtsplatt-form ❶**, der höchsten öffentlichen Dachterrasse Berlins, hat man einen weiten Blick über die Stadt und ihre Sehenswürdigkeiten.

Harte Konkurrenz der Würstchenverkäufer: Es gibt die Grill-Walker verschiedener Unternehmen und inzwischen auch welche im Rollstuhl. Sein Revier zu markieren ist auf dem Platz schwierig.

nicht gewesen sein kann, so unstrukturiert, zerfleddert. Da war mal etwas und da sollte auch wieder etwas hin. Was da hinkönnte, stellte die Stadtbaudirektorin vor: Fluten für einen Hafen. Eigentlich wäre unverzüglich eine fristlose Entlassung wegen Vergehens gegen die Stadt angesagt gewesen. Dieser Gründungsort Berlins mit der **Gerichtslaube ❺** wurde im Krieg kaum beschädigt, jedoch von der DDR abgeräumt. Der **Neptunbrunnen ❻** gehört eigentlich auf die Rückseite des Schlosses. Da genau dokumentiert ist, wie das Marienviertel einst aussah, stemmen sich viele Initiativen seit etlichen Jahren gegen eine Senatsplanung, die den Bürgerwillen austrickst. Gruppen wie das Bürgerforum Berlin wollen nicht die Vergangenheit zurück, sondern einen städtebaulichen Bezug zu dem, was diesen Ort ausmacht. Meist haben die Bürger den längeren Atem. Sie bleiben. Die in Politik und Verwaltung werden irgendwann kippen.

→ **UM DIE ECKE**

Heute ist es das Lieblingsviertel vieler Touristen, und es hat wieder einen Charme, den man sonst nur in kleineren Städten findet – zur DDR-Zeit nachgebaut aus Platte. Das **Nikolaiviertel** ist die Wiege der Stadt, die **Nikolaikirche ❼** ihr ältestes Gotteshaus. Es steht unter dem Schutz des heiligen Nikolaus, des Patrons der Kaufleute. Mit freien Kaufleuten und aktiven Bürgern begann die Geschichte der Stadt 1237, dem Jahr der urkundlichen Ersterwähnung. Die Nationalsozialisten wollten die krummen Häuschen und engen Gassen zur 700-Jahr-Feier Berlins 1937 fluten, weil sie nicht ins Germania-Hauptstadtbild des Führers passten. Die Idee der Stadtbaudirektorin ist also gar nicht neu. Bomber der Alliierten erledigten den Abbruch. Zur 750-Jahr-Feier Berlins 1987 wurde wieder aufgebaut. In der Nikolaikirche kam das Abgeordnetenhaus Ost und West nach der Friedlichen Revolution im Januar 1991 zusammen.

Das **Ephraim-Palais ❽** ließ der jüdische Bankier Veitel Ephraim bis 1766 nach seinen Vorstellungen umbauen. Es zeigt schöne Wechselausstellungen des Stadtmuseums. Museal stellt das 1761 gebaute **Knoblauchhaus ❾** die Biedermeier-Zeit dar.

Zurück in die Zukunft –
das Schloss

5

Ein weltoffenes Schloss, das tiefes Interesse an fremden Kulturen befriedigt – echt? Echt! Die ganze Planung ist daraufhin angelegt. Für die riesigen Exponate des Ethnologischen Museums sind sogar Räume über zwei Etagen gebaut worden, damit sie ihre prachtvolle Wirkung entfalten können.

Die Hauptattraktionen des **Ethnologischen Museums** zogen ins Schloss, solange es im Rohbau war: Original-Boote aus der Südsee, Palauhäuser und Kulthäuser aus Kizil. Später hätten sie nicht durch die Tür gepasst. Ganze Museen kommen ins Schloss, eine Stadtpräsentation Berlin, etwas über die Geschichte des Schlosses und viele Veranstaltungsräume sowie ein **überdachter 1** und ein **offener 2 Hof.** Prägend sind auch die **Passage 3** vom **Lustgarten 4** zur Breiten Straße sowie – statt des historischen Renaissancebaus – die moderne Gestaltung Richtung Spree und Alexanderplatz. Franco Stella hat sich das ausgedacht, der italienische

Was man sieht, ist alles privat finanziert durch viele Spender. Die Fassade, die Kuppel, alles echtes Crowd Funding. Nur den Beton innen hat der Staat bezahlt. Naja, und die Infrastruktur und die U-Bahn unten drunter und was sonst noch so anfällt.

Architekt, der den Wettbewerb gewann, nachdem der Deutsche Bundestag 2002 mit Zweidrittelmehrheit den Wiederaufbau beschlossen hatte.

»Im Prinzip ist alles wie beim Palast der Republik. Der musste aber unbedingt verschwinden«, so meckern die alten kommunistischen SED-Kader, denen beim Zerfall der DDR ihre Privilegien flöten gingen. Bei jeder Diskussionsveranstaltung traten sie gut organisiert auf. Vorurteil gegen Ossis? Nein (bin ich selbst), Empire. Ich habe sie erlebt und gerochen.

Wilhelm und der Schlossverein

Deren Lieblingsfeind ist Wilhelm von Boddien, der die Idee hatte, das 1950 gesprengte Schloss wieder aufzubauen. Ohne ihn gäbe es das neue Schloss nicht. Er hatte die Vision (kein Geld) und scharte Verbündete um sich. Ein Modell des historischen Schlosses gab es. Horst Dühring (†) hatte es gebaut; lange war es in der Berlin Story Unter den Linden ausgestellt, später in der **Humboldt-Box** 5. Von Boddiens Überzeugungskraft war so groß, dass er Sponsoren für eine Attrappe des Schlosses in Originalgröße aus bemalten Kunststoffbahnen fand und später mit dem von ihm ins Leben gerufenen Schlossverein Führungen in den Ausgrabungen organisierte. Dort in der Tiefe habe ich Besuchern regelmäßig die Bedeutung des Schlosses für Berlin vermittelt.

Berlin und die Welt

Der Palast der Republik wurde abgerissen, weil die Stahlträger durch Spritzasbest geschützt waren, den man nicht einfach abkratzen konnte. Und er verschwand, weil er an diese Stelle der Stadt nicht hinpasste – er diente als städtebauliche Kulisse für den Aufmarschplatz. Jetzt kommt das Original-Schloss wieder – eher noch besser: mit archäologischem Fenster, Wechselausstellungsflächen, einer Buchhandlung und Gastronomie. Berlin erhält 4 000 m² für die wichtigste Präsentation der Stadt. Paul Spies, der Chef des Stadtmuseums, soll es richten. Angela Merkel: Bloß kein Völkerkundemuseum. Humboldt-Forum Gründungschef Neil MacGregor: »Globalisierung ist die Herausforderung unserer Epoche. Berlin hat die Exponate dazu.«

Die Könige und Kaiser lebten nur in einem kleinen Teil des Schlosses, einige wollten lieber etwas

Das Berliner Schloss ist mit 595 Millionen Euro zwar der **teuerste Kulturbau des Bundes,** aber im Vergleich zu anderen Großbauten ein echtes Schnäppchen: Eine Milliarde Euro kostete das Shoppingcenter LP12 Mall of Berlin, 1,6 Milliarden Euro die Zentrale des BND, voraussichtlich mehr als 7,3 Milliarden Euro der BER-Flughafen … Eigentlich kommt es immer auf das Bauvolumen und die Koordination an, vor allem aber darauf, dass kein Politiker mit Extrawünschen dazwischenquatscht. Mehr als 100 Mio. € brachten Bürger für die historische Schlossfassade auf. Auf der Homepage des Schlossvereins findet man die Fassadenelemente, für die noch Spender gesucht werden.

Persönlicheres – so wie Friedrich der Große Sanssouci. Im Schloss befand sich überwiegend die Verwaltung. Die Nazis mieden es. Weil der Kern noch stand, fanden dort nach dem Zweiten Weltkrieg große Veranstaltungen statt.

Das ›**Liebknecht-Portal**‹ **6** am Staatsratsgebäude, heute Privat-Uni, ist ziemlich echt, so zwanzig Prozent, es entspricht dem Original-Portal des Schlosses. Von dort aus soll Karl Liebknecht am 9. November 1918 die Sozialistische Republik ausgerufen haben. Bevor das Schloss neu stand, konnte man an diesem Portal aus den 1960er-Jahren erläutern, wie hoch das Schloss werden würde.

Das Schloss steht schief, von Anfang an. Auf dieses Hauptportal mit Kuppel müsste eigentlich der Boulevard Unter den Linden zulaufen. Wie bei jedem vernünftigen Schloss. Aber die Hohenzollern hatten damals genau diesen Bauplatz. Das Provisorium hat sich wohl verfestigt.

Wie man ein Schloss rekonstruiert

300 Fragmente der Fassade haben überlebt. Sie dienen jetzt – neben den glücklicherweise angefertigten vielen Messbildfotos und Farbfotos der Deckengemälde – als Vorlage für die Rekonstruktion. In der Schloss-Bauhütte geht es ganz traditionell handwerklich zu. Fürs Grobe werden auch Maschinen eingesetzt.

Das Schloss als Humboldt-Forum, und damit als Ort der Weltkulturen, ist eine Erfolgsgeschichte. Die Rolle des Einzelnen in der Gesellschaft, die Verantwortung von Gruppen, die die Möglichkeiten unserer Demokratie nutzen – all das kann man exemplarisch studieren. Es wird eine Völkerwanderung dorthin geben wie zum Reichstag, den heute doppelt so viele Menschen besuchen, wie es sich die Planer in ihren kühnsten Vorstellungen träumen ließen. Beim Schloss rechnet man mit drei Millionen Besuchern pro Jahr.

INFOS/ÖFFNUNGSZEITEN
Webcam zum Bau-Fortschritt am Schloss: www.berliner-schloss.de
Humboldt-Box 5: Wie es im Schloss einmal werden könnte, kann man in der Humboldt-Box sehen, dem futuristischen, temporären Bau Unter den Linden – Eintritt frei (Schlossplatz 5, T 030 29 02 78 24 8, www.humboldt-box. com/de).
Eröffnet werden soll das Schloss voraussichtlich in der zweiten Jahreshälfte 2019.

Cityplan: Karte 2, J 3/4 | **S-Bahn** Hackescher Markt, **Bus** 100, 200

Zentrum der Macht –
im Regierungsviertel

Demokratie leicht gemacht. Das historische Reichstagsgebäude 1 und die neuen modernen Repräsentationsbauten im Spreebogen bilden zusammen das Regierungsviertel der deutschen Hauptstadt. Mit etwas Glück trifft man hier einen Politiker auf der Straße – oder man hört im Bundestag den Debatten eine Weile zu.

Meist ist oben die Brücke leer. Die Verwaltungsfuzzis des Deutschen Bundestags verwalten entweder links oder rechts der Spree. Es könnte aber auch sein, dass das ein Vorurteil ist, weil nicht mehr Akten geschleppt, sondern Mails gesendet werden.

Zugucken kann man vom anderen Ufer am besten, auf den Bänken oder der großen Freitreppe vor dem **Marie-Elisabeth-Lüders-Haus 2** sitzend. Über die Spreebiegung und die Flotte der Ausflugsdampfer hinweg sieht man das **Reichstagspräsidentenpalais 3** und den Reichstag – der richtige Ort, um über das Glück nachzudenken, in einer freien demokratischen Gesellschaft ohne Mauern leben zu dürfen, in der man seine Stimme erheben kann, ohne dafür verfolgt zu werden. Wenn der Hubschrauber am Sonntagnachmittag am **Bundeskanzleramt** 4 landet, wird einem bewusst, was das Wochenende für Spitzenpolitiker bedeutet: wenig Freizeit.

Verfolgt man selbst die Vision von einer besseren, solidarischen Gesellschaft, sollte man hier vielleicht nicht allzu lange sitzen bleiben – oder möglicherweise sogar von der Sonne verwöhnt einpennen. Ich spreche aus Erfahrung.

Heute bringen die Regierungsgebäude neuen Glanz an die Spree, dorthin, wo der Zweite Weltkrieg eine tiefe Wunde in Berlins Stadtlandschaf: gerissen hat und lange Zeit nur Brache zu sehen war. Jetzt wird hier Politik gemacht. Politik mit Gleisanschluss, könnte man sagen, denn die riesige Glas-Stahl-Konstruktion des neuen **Hauptbahnhofs** 5 liegt seit 2006 vis-à-vis. Über einen Fußgängersteg geht es von dort Richtung **Schweizer Botschaft** 6 zum Bundeskanzleramt. Westlich leuchtet die sandsteinrote **Moltkebrücke** 7.

»Man sieht nur, was man weiß« – ist der Slogan von DuMont. Was man hier nicht sieht, ist das Kanzleramt auf der anderen Seite der Spree. Überall in Berlin kommt man Regierung und Parlament ganz nah.

Trutzburg der Politik

Das Kanzleramt, die Regierungszentrale, zeigt sich aus einer besonderen Perspektive: Wie eine freundliche Trutzburg sieht sie aus. Helmut Kohl, der ›Kanzler der deutschen Einheit‹, ließ das repräsentative, dennoch gar nicht protzige moderne Gebäude 1997–2001 von den Berliner Architekten Axel Schultes und Charlotte Frank entwerfen. Auch wenn es nicht so wirkt: Mit seiner auf einen zentralen Kubus und zwei Seitenflügel verteilten Gesamtfläche von 12 000 m², mit Hunderten Büros, Tagungsräumen und Konferenzsälen ist das Kanzleramt achtmal so groß wie das Weiße Haus in Washington. Den Ehrenhof vor dem Zentralbau schmückt eine Skulptur des baskischen Bildhauers Eduardo Chillida, die man immer im Fernsehen sieht. Sie heißt »Berlin«.

Wo die Abgeordneten tagen …

Die Paul-Löbe-Allee führt direkt auf den **Platz der Republik** 8 und zum mächtigen Reichstagsgebäude. Noch im Kaiserreich wurde es von Paul Wallot entworfen und 1894 fertiggestellt. Die Widmung »Dem Deutschen Volke« über dem Eingang am Frontispiz kam erst 1916 hinzu, und nur zwei Jahre später rief hier Philipp Scheidemann die Republik aus. Dann kam der Reichstagsbrand 1933. Die Nationalsozialisten nahmen ihn als Anlass, um

ÜBRIGENS

Südlich des Kanzleramtes vor dem Tipi liegt ein weiträumiger, stiller **Skulpturenpark.** Eine Gedenktafel erinnert an die **alte Krolloper.** Dorthin wichen die Nationalsozialisten nach dem Reichstagsbrand aus. An diesem Ort wurde das Ermächtigungsgesetz verabschiedet. Heute dehnt sich hier der Tiergarten aus, eine Oase für Ruhesuchende.

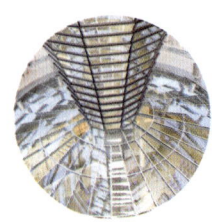

Besucherquirl in der Reichstagskuppel. Sollte man einmal im Leben mitgemacht haben. So viel Transparenz!

jegliche Opposition im Land auszulöschen. Nach dem Krieg lag das Gebäude im Abseits, direkt dahinter verlief die Mauer. In einem spektakulären Akt verhüllte Verpackungskünstler Christo den Reichstag 1995. Seit September 1999 tagt in dem von Stararchitekt Sir Norman Foster neu gestalteten Gebäude der Deutsche Bundestag.

Foster setzte dem Bau die transparente Kuppel auf, die Licht in den Plenarsaal lenkt – und eine einzigartige Aussicht auf das Regierungsviertel bietet. Diese Kuppel ist das Ziel zahlreicher Besucher, die nach Passieren der Sicherheitskontrolle den Fahrstuhl nach oben nehmen, um dann auf der spiralförmigen Rampe im Innern des Glasgebildes zur Aussichtsplattform zu gelangen.

... und die Politiker arbeiten

Das rund um mehrere Höfe angelegte **Paul-Löbe-Haus** 9 bietet Platz für die Arbeit der Bundestagsabgeordneten. Gegenüber beherbergt das **Marie-Elisabeth-Lüders-Haus** das wissenschaftliche Dienstleistungszentrum des Bundestages. Der größte Parlamentsneubau – mit Büros, Parlamentsdiensten und Pressezentrum – ist das **Jacob-Kaiser-Haus** 10 hinter dem Reichstag beiderseits der Dorotheenstraße. In den Komplex wurde das am Reichstagsufer liegende historische Palais des Reichstagspräsidenten integriert.

In Sichtweite des Kanzleramtes liegt das in den 1950er-Jahren als Geschenk der Amerikaner errichtete, damals wegen seiner ungewöhnlichen Dachkonstruktion ›schwangere Auster‹ genannte ehemalige Kongresszentrum und heutige **Haus der Kulturen der Welt** 11, das Ausstellungen, Tanz, Theater und Diskurse organisiert.

L
LUXUS

Dass jeder Gefangene in **Moabit** eine Zelle für sich hatte, anstatt in einer riesigen Gemeinschaftszelle zu hausen, und dass es da sogar fließend Wasser und Duschen gab, das sorgte für ziemlichen Ärger. Viele im Volk kannten in den 1840er-Jahren diesen Luxus nicht.

→ **UM DIE ECKE**

Nördlich des Hauptbahnhofs liegt der **Geschichtspark Zellengefängnis** 12 – ein durch hohe Mauern abgeschirmter Ort der Meditation. Unter König Friedrich Wilhelm IV., dem Romantiker auf dem Thron, wurde das »Preußische Mustergefängnis Moabit« errichtet. Viele Widerstandskämpfer gegen den Nationalsozialismus warteten im Zellengefängnis auf ihren Prozess vor dem »Volksgerichtshof« (im Sommer tgl. bis 21, im Winter bis 18 Uhr geöffnet).

INFOS/ÖFFNUNGSZEITEN

Reichstag **1**: www.bundestag.de, Kuppel tgl. 8–21.45 Uhr (letzter Einlass), kostenlos. Besichtigung des Plenarsaals zur vollen Stunde, Dauer 45 Min., sofern keine Sitzung stattfindet. Spontane Besuche: 2 Std. vorher anmelden im Kiosk vor dem Reichstag (mit Ausweis), Anmeldung via www.bundestag.de, Audioguide kostenlos, 20 Min.
Bundeskanzleramt **4**: kostenlose Führungen (nach Anmeldung) möglich
Haus der Kulturen der Welt **11**: John-Foster-Dulles-Allee 10, www.hkw.de, tgl. 10–19, Ausstellungen Mi–Mo 11–19 Uhr

CHILLEN, ESSEN, AUSGEHEN

Bei gutem Wetter stellen sich in den Liegestühlen des **Capital Beach** **1** am Spreebogen – mit Blick auf Hauptbahnhof und Humboldthafen – fast mediterrane Gefühle ein. Cocktails und preiswerte Bistroküche (Ludwig-Erhard-Ufer, www.facebook.com/Capital-Beach-Berlin-1118 72792237621, tgl. ab 10 Uhr).

Den Superblick auf das Kanzleramt hat man von der anderen Spreeseite vom **Zollpackhof** **2**, während man ein preiswertes Menü oder (im Sommer auf der Terrasse und im Biergarten) Gegrilltes isst (Elisabeth-Abegg-Str. 1, T 030 33 09 97 20, www.zollpackhof.de, Restaurant tgl. ab 10, warme Küche ab 11.30, Biergarten April–Sept. ab 11 Uhr).
Bunte, intelligente Unterhaltung mit Kabarett, Chansons, Varieté und Musicals bietet das **Tipi** **9** in seinem spitzen Varieté-Zelt im Grün des Tiergartens. Dort ist auch für Bewirtung gesorgt: Der Biergarten reicht fast bis an den Zaun des Kanzleramts (Große Querallee, T 030 39 06 65 50, www.tipi-am-kanzleramt.de, Di–Sa ab 18.30, So ab 17.30 Uhr).

FÜR DIE OHREN

Am **Carillon** **13**, einem manuell betriebenen Glockenspiel – übrigens das größte Instrument der Welt –, hört man für gewöhnlich sonntags um 15 Uhr ein unnachahmliches Konzert.

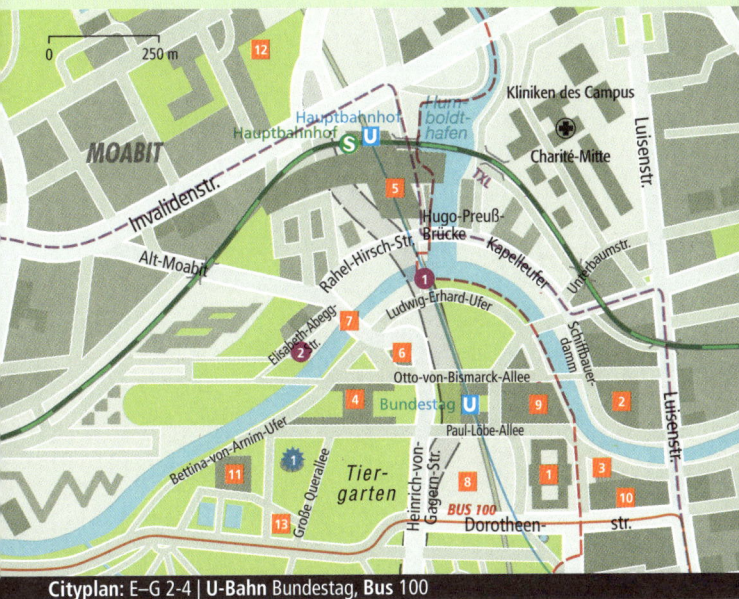

Cityplan: E–G 2-4 | **U-Bahn** Bundestag, **Bus** 100

Die neue Mitte – **rund um den Potsdamer Platz**

Change – sozialökologisch gesehen sind die besten Zeiten des Potsdamer Platzes vorbei: Damals, als die Hasen friedlich über das Feld hoppeln konnten und niemand sie störte oder jagte, sie sich ungehemmt in einem grünen Biotop vermehren konnten. Nur dass da rechts und links der Häschen eine Mauer war und in der Mitte der Todesstreifen.

Eigentlich ist das Sony-Center ein Marktplatz, also eine Art Agora oder Forum Romanum. Nur die äußere Hülle ist modern.

Von der Aussichtsplattform im Westen, von wo aus jede Schulklasse und jede evangelische Frauengruppe in den Osten guckte, habe ich zum ersten Mal den Hügel gesehen, unter dem sich der **Führerbunker** 1 verbarg. Weil sich die knapp 4 m dicke Betondecke beim Sprengversuch nur anhob, wurde der Bunker mit Erde abgedeckt.

Spektakuläre Architektur

In den 1920er-Jahren war der Potsdamer Platz ein Zentrum der Stadt, ein geschäftiger Verkehrsknotenpunkt und einer der lebhaftesten Plätze Europas. Dann bot er für Jahrzehnte ein tristes Bild – zerbombtes, freigeräumtes Brachland. Roger Waters führte 1990 nach dem Fall der Mauer im Niemandsland »THE WALL« auf. Die Bühne stand gleichzeitig in zwei Staaten. In den 1990er-Jahren befand sich hier die größte Baustelle Europas, das Ballett der Kräne. Die Betonfundamente wurden von Tauchern gegossen.

Change. Die futuristische Neubebauung war zugleich die völlige Neuerfindung des alten Stadtzentrums. Potsdamer und **Leipziger Platz** 2 sind ins Zentrum der Aufmerksamkeit gerückt – vor allem wegen der spektakulären neuen Gebäude, in denen die Fantasien für eine Stadt der Zukunft Gestalt annehmen.

Ungefähr so hoch wie der Kopf der Giraffe war die Berliner Mauer am Potsdamer Platz. Das letzte originale-Mauer-Segment steht jetzt im First Division Museum in den USA. Weil in Amerika der Freiheitswille der Berliner geschätzt wird.

Symbole des neuen Berlin

Architekten aller Länder, vereinigt euch! Imposant sind die Glasfronten des **Sony-Centers** 3, bei dem der Chicagoer Architekt Helmut Jahn amerikanisch-asiatische Baumuster aufgegriffen hat. Im Innern, in der Sony Plaza, öffnet sich ein lichter Hof, eine Art Hightech-Marktplatz mit spektakulärer zeltdachartiger Kuppel, die über dem Ensemble zu schweben scheint. Höchster Bau des Stahl-Glas-Komplexes ist der 103 m hohe **Bahn Tower** 4.

Zum Sony Center gehört das **Museum für Film und Fernsehen** 5, eine deutsche Kinemathek, die Cineasten zu einer sagenhaften multimedialen Zeitreise durch die deutsche Filmgeschichte einlädt, vom Stummfilm über die Filme der NS-Zeit bis hin zu aktuellen Produktionen.

Bis zum Kanzleramt gucken

Einen ganz anderen architektonischen Akzent setzt das **Quartier Potsdamer Platz.** Den Gesamtentwurf lieferte das Team Hilmer & Sattler, dem wohl das Ideal einer ›europäischen Stadt an sich‹ vorschwebte mit engen Gassen, einer Allee, abwechslungsreichen Perspektiven, viel Wasser und einer Shopping Mall. Daran beteiligt waren verschiedene Architekten. Hans Kollhoff schuf den klinkerverkleideten **Kollhoff-Tower** 6 am Eingang

Cityplan: E–G 4/5 | **S/U-Bahn:** Potsdamer Platz, **Bus** 200, M 29, M48

INFOS/ÖFFNUNGSZEITEN

Museum für Film und Fernsehen Berlin 5 : Potsdamer Str. 2, www.deutsche-kinemathek.de, Mi–Mo 10–18, Do bis 20 Uhr, 8/5 €

Panoramapunkt: im Kollhoff-Tower 6 , Potsdamer Pl. 1, www.panoramapunkt.de, tgl. 10–20 Uhr, bei guter Sicht länger, Eintritt (inkl. Ausstellung) 7,50/6 €

Bundesrat 7 : www.bundesrat.de, Besichtigungen möglich

Museum für Kommunikation 9 : Leipziger Str. 16, www.mfk-berlin.de, Di 9–20, Mi–Fr 9–17, Sa/So 10–18 Uhr, 5/3 €

Museen am Kulturforum: www.smb.museum, Kombiticket 12/6 €

Neue Nationalgalerie 13 : Potsdamer Str. 50, wegen Generalsanierung voraussichtlich bis 2020 geschl.

Gemäldegalerie 14 : Matthäikirchplatz, Di–So 10–18, Do bis 20 Uhr, 10/5 €

Kunstgewerbemuseum 15 : Matthäikirchplatz, Di–Fr 10–18, Sa/So 11–18 Uhr, 8/4 €

FUNDSTÜCKE

In den weit über 100 Läden der **Potsdamer Platz Arkaden** 2 gibt es einfach alles: von Souvenirs im Ampelmann-Laden über Mode bis zu Lebensmitteln (Alte Potsdamer Str. 7, Mo–Sa 10–21 Uhr).

Haben Sie sich schon mal überlegt, wo der ganze Müll aus dem Einkaufszentrum bleibt? Müllcontainer stehen da ja nicht rum. Aber unten sind ganze **Versorgungsstockwerke,** in denen angeliefert und von denen aus alles entsorgt wird, noch gründlicher getrennt als zu Hause. Führungen sind leider nicht regelmäßig.

nach dem Muster amerikanischer Art-déco-Wolkenkratzer, mit Aussichtsterrasse.

Der schnellste Lift Europas fährt zur besten Aussicht auf Regierungsviertel und Brandenburger Tor und über ganz Berlin-Mitte. Oben ist man im Freien und kann fotografieren, im rundum verglasten Café fühlt man sich dem Himmel nah.

An der Ostseite schließt der Bürokomplex der Park Kolonnaden des italienischen Architekten Giorgio Grassi an. Sie wirken einfach, sind aber wegen der Bahntunnel darunter bautechnisch wie Brückenbauten errichtet.

Leipziger Platz

Angrenzend an den Potsdamer Platz wird die historische achteckige Form des Leipziger Platzes aufgenommen. Die **Mall of Berlin** ist mit 270 Geschäften das wohl größte zentrale Shopping Center. Vom Bundesrat durch die Fußgängerpassage eröffnet sich eine fantastische Sichtachse zum Adlon.

Nahebei bezog der **Bundesrat** 7 das alte Preußische Herrenhaus von 1904, dessen Säulen wie der Ehrenhof von vergangener Adelsmacht künden.

Das heutige **Finanzministerium** 8, 1936 als machtvolles Reichsluftfahrtministerium konzipiert, war in der DDR das ›Haus der Ministerien‹. Hier kulminierte am 17. Juni 1953 der Arbeiteraufstand, den russische Panzer niederschlugen. Danach privatisierte die Treuhand in diesem Gebäudekomplex mehr oder eher weniger erfolgreich die DDR-Wirtschaft.

Kaiserlich und modern, das schafft das **Museum für Kommunikation** 9, das erste Postmuseum der Welt (1874). Der 150 Jahre alte Repräsentationsbau wirkt prächtig und die Ausstellungen sind vor allem für Jugendliche höchst attraktiv.

Jedes Jahr im Februar findet rund um den Marlene-Dietrich-Platz, wo auch der **Berlinale-Palast** 10 liegt, das bedeutendste Filmfestival Deutschlands statt: die Berlinale. Für die Stars und Sternchen der Kinoleinwände wird dann ein roter Teppich ausgerollt, und Cineasten aus aller Welt strömen zum Potsdamer Platz. Tickets für die Berlinale gibt es für alle.

→ UM DIE ECKE

Eine großzügige, lichte Bebauung in einer Art Landschaftspark, so schwebte das **Kulturforum** Hans Scharoun Anfang der 1950er-Jahre vor – ein völliger Gegensatz zum dicht bebauten Potsdamer Platz. Scharoun selbst plante die **Philharmonie** 11 mit ihrer fast spielerischen Form (1963) und die **Staatsbibliothek** 12 (1972).

Die **Neue Nationalgalerie** 13 aus dem Jahr 1968 hat Mies van der Rohe entworfen. Sie präsentiert Malerei und Plastik des 20. Jh., von der Klassischen Moderne bis Anfang der 1970er-Jahre. Dazu gibt es häufig spektakuläre Sonderausstellungen.

Die **Gemäldegalerie** 14, in der öffentlichen Wahrnehmung völlig unterbewertet, muss den Vergleich mit den großen Gemäldemuseen nicht scheuen. Mehr als 1000 Bilder aus 600 Jahren abendländischer Malerei sind in 52 Sälen zu sehen, darunter Werke von Giorgione, Raffael, Tizian, Botticelli, van Eyck, Rubens und Rembrandt. Ein Ort der Ruhe und Meditation.

Das **Kunstgewerbemuseum** 15 birgt Möbel, Kleidung, Gold- und Silberarbeiten sowie Porzellan; vom Klassizismus über den Jugendstil bis hin zu industrieller Produktion, darunter Schalenstühle aus Polyester und Metall.

Kunst am Bau? Ist vorbei. Wo kann ich noch was von der Mauer sehen? – Nicht am Potsdamer Platz, du kommst 30 Jahre zu spät.

#8

Mit dem Rad durchs Grüne – **der Tiergarten**

Nichts für ungut: Der Tiergarten ist fast so groß wie Central Park und Hyde Park zusammen. Auch die Berliner suchen hier Erholung sowie schattige Plätze für eine Siesta und gönnen sich zum Schluss ein Bierchen am Wasser. Am besten durchqueren lässt sich der weitläufige Park mit dem Rad. An der Marschall-Brücke 1 beginnt die reizvolle Fahrt entlang der Spree.

Tiergarten, das bedeutet: auf der einen Seite der Sitz des Bundespräsidenten, auf der anderen das Kanzleramt. Und dazwischen ist Chillen und (nicht so gern gesehen) Grillen angesagt. Minister auf dem Fahrrad? Kommt vor.

Die Tour führt an **ARD** 2 und **RTL** 3 vorbei sowie am **Marie-Elisabeth-Lüders-Haus** 4 mit der Bundestagsbibliothek. Unter der Fußgängerbrücke hindurch, über die Abgeordnete, meist jedoch deren Referenten, hin und her huschen. Nachdem man auf dem super ausgebauten Radweg die **Bundespressekonferenz** 5 passiert hat, radelt man aufgrund einer noch fehlenden Brücke mit Blick auf den gegenüber liegenden **Capital Beach** ✸ zum **Hauptbahnhof** 6 hoch und gleich wieder hinunter. Bald hat man einen Traumblick auf die Spree mit ihren Ausflugsbooten und auf das **Kanzleramt** `7` dahinter – hier wirkt Berlins Politik absolut entspannt.

Das **Haus der Kulturen der Welt** `8`, als ›Kongresshalle‹ ein Geschenk der Amerikaner, liegt am anderen Ufer. Rechts davon die wegen ihrer Form so genannte **Bundesschlange** `9`, gedacht als Wohnraum für aus Bonn kommende Politiker, die jedoch Altbaustuck mit Balkon bevorzugten. Also darf hier heute jeder mit Blick auf die Spree wohnen.

Im Tiergarten

Jetzt geht es links über die Brücke der Paulstraße in den Tiergarten, wo repräsentativ und Spree-nah das der Öffentlichkeit nicht zugängliche **Schloss Bellevue** `10` liegt: der Sitz des Bundespräsidenten. Kurz darauf ist der verkehrsumtoste Große Stern mit der **Siegessäule** `11` erreicht, die goldglänzende Viktoria auf ihrer Spitze (1 kg echtes Gold) stand einst vor dem Reichstag. Hitler ließ sie verpflanzen. Zur ›Goldelse‹ geht es zu Fuß 285 endlose Stufen hoch. Zur Belohnung hat man den besten Blick auf die Mutter aller Feiermeilen, die Straße des 17. Juni, den ganzen Tiergarten und das **Bundespräsidialamt** `12`, einen ovalen, dunklen Bau, der fast hinter den Bäumen verschwindet.

In der Fasanerieallee mit den eleganten Standbildern wird es ruhiger. Doppelspurig läuft der Parkweg. Sonnenanbeter liegen auf beiden Seiten, Familien grillen illegal – Chillen steht auf dem Programm. Hinter dem Denkmal zur Fuchsjagd, quasi bei der **Spanischen Botschaft** `13`, ist eine Entscheidung zu treffen: Gleich rechts geht es zum **Café am Neuen See** `1` mit riesigem Biergarten und Ruderbooten. Oder man radelt geradeaus über die kleine Lichtenstein-Brücke direkt auf den **Zoologischen Garten** `14` und das Gehege der Kängurus zu. Nach rechts am Landwehrkanal entlang – der Weg wird um 21 Uhr geschlossen – stehen immer wieder Bänke, von denen man den Wildeseln, Kranichen, Wildhunden, Emus und Fasanen des Zoos zusehen kann. Am Ende lädt der **Schleusenkrug** `2` zur Pause ein, ein ruhiges Gartenlokal in unmittelbarer Nähe der tosenden City West. Der West-Berliner Polizist und Stasi-Spitzel Heinz Kurras traf dort seine Kontaktleute aus dem Osten. Kurras erschoss am 2. Juni 1967 bei einer Demo gegen den Schah von Persien den unbewaffneten Studenten Benno Ohnesorg in der Nähe der Deutschen Oper.

Ist normal. Ist mehr so Kreuzberger Look im Schneewittchen-Stil, nicht echt türkisch. Hose unterm Kleid ist von türkisch Richtung deutsch gegangen.

Der Tiergarten ist Berlins älteste, bedeutendste und größte Parkanlage. Die Kurfürsten ließen hier **im 16. Jh.** Hirsche, Auerhähne, Damwild und Rehe zur Jagd aussetzen – und entlang der direkten Verbindungsallee zum Schloss die ›Linden‹ pflanzen. Friedrich der Große ließ den Tierpark zum Lustgarten der Preußenkönige ausbauen. Erste Vergnügungszelte entstanden um **1745.** In der Not nach dem Zweiten Weltkrieg versorgten sich die Berliner im Tiergarten mit Brennholz. Von 200 000 Bäumen blieben damals nur 700 stehen.

Der **Zoo** ist der älteste Deutschlands (1844) und mit 17 000 Tieren und rund 1400 Spezies der artenreichste der Welt. Mehr als drei Mio. Menschen besuchen den Zoo pro Jahr.

Retour in die Stadt

Lieber wieder was Schönes, also auf zu Königin Luise via Spanischer Botschaft und Großem Weg an der Südseite des Tiergartens. Nach dem Abzweig Ahornsteig sollte man sich wirklich Zeit lassen und das **Denkmal der Königin** 15 auf ihrer blumenreichen Insel besuchen. Einst stellte sie sich gegen den Besatzer Napoleon, der im Schloss Charlottenburg in ihrer Unterwäsche herumwühlte. Luise unterstützte die mutigen preußischen Reformer. Wir verehren sie.

INFOS/ÖFFNUNGSZEITEN

Schloss Bellevue 10: Spreeweg 1, www.sehenswuerdigkeiten-berlin.de/schloss-bellevue-berlin.html
Siegessäule 11: tgl. 9.30–18.30, Nov.–März 10–17 Uhr, 3/2,50 €
Zoologischer Garten 14: Hardenbergplatz 8, und **Aquarium:** Budapester Str. 34, www.zoo-berlin.de, tgl. 9–17, 16,50/8, mit Aquarium 21/10,50 €

KULINARISCHES BEI TAG UND NACHT

Als Biergärten im Grünen laden das **Café am Neuen See** 1 (Lichtensteinallee 2, T 030 25 44 93 30, Mo–Fr ab 11 Uhr, Sa/So ab 10 Uhr) und der **Schleusenkrug** 2 (Müller-Breslau-Str. 1, T 030 313 99 09, www.schleusenkrug.de, im Sommer tgl. 10–24, sonst 10/11–19 Uhr) zur Rast. Cocktails und Säfte gibt es im **Capital Beach** 3 direkt an der Spree, den Hauptbahnhof im Blick

FAHRRADVERLEIH

Beim Radverleih **Take a Bike** 1 (Neustädtische Kirchstr. 8, T 030 20 65 47 30, tgl. 9.30–19 Uhr, www.takeabike.de) gibt es Räder ab 12,50 € am Tag oder 6 € für 2 Std. Überall ist Pfand zu hinterlegen, meist 50 € oder ein Dokument.

Cityplan: B–G 3–6 | **S-/U-Bahn** Friedrichstraße, Zoologischer Garten, **Bus 100**

Großstadteleganz und Kaufrausch – **der Kurfürstendamm**

Für pralles Erleben auf einem Einkaufsboulevard braucht man breite Trottoirs, Schatten spendendes Grün, gebändigten Verkehr, ein überzeugendes architektonisches Gesamtbild und Geschäfte in Hülle und Fülle: den Kurfürstendamm.

Der Ku'damm ist immer noch die beliebteste Einkaufsgegend Berlins – vor Alexanderplatz und Friedrichstraße. Mit der Großstadtmeile, die ursprünglich im Jahr 1897 mit je 5 m breiten Reitwegen ausgestattet war, wollte Reichskanzler Bismarck einst Paris mit seinen prächtigen Boulevards übertrumpfen. Kein Haus durfte jedoch das damalige Stadtschloss an Höhe übertreffen, und dieser Verfügung verdankt sich noch die heutige Trauf-

Irgendwann lassen auch Konsumkritiker Fünfe gerade sein und landen im KaDeWe. Wir erteilen hier schon mal im Voraus die Absolution. Vielleicht treffen wir uns bei den Austern?

INFOS/ÖFFNUNGSZEITEN

Kaiser-Wilhelm-Gedächtniskirche 2: Breitscheidplatz, www.gedaechtniskirche. com, 9–19, Gedenkhalle Mo–Sa 10–18, So 12–17.30 Uhr
Kino Zoo Palast 🔆: Hardenbergstraße 29A, T 01805 22 29 66, www.zoopalast-berlin.de

KU'DAMM KULINARISCH

Im Restaurant **Reinhard's 1** (Kurfürstendamm 27, im Kempinski, T 030 20 45 45 45, www.restaurant-reinhards. de, tgl. 6.30–1 Uhr) treffen sich die exklusiven Einkaufstüten vom Ku'damm bei einem Gläschen Schampus. Eine kulinarische First-Class-Alternative dazu ist das **Restaurant 44 2** (www.restaurant44.de) im Swissôtel.
Zu den nettesten und stilvollsten Cafés Berlins gehört das **Café im Literaturhaus 3** (Fasanenstr. 23, T 030 882 54 14, www.literaturhaus-berlin.de, tgl. 9–24 Uhr), wo man im Sommer angenehm im Garten sitzt.
Im Restaurant und **Kaffeehaus Grosz 4** (Kurfürstendamm 193, T 030 652 14 21 99, www.grosz-berlin.de, tgl. ab 9 Uhr) verkostet man eine von über 300 Teesorten, speist im Ambiente eines Wiener Kaffeehauses, nascht dazu elegant ein Stückchen Kuchen und guckt dabei auf den Ku'damm.

EINKAUFEN

Dem über 100-jährigen **KaDeWe 🛍**gebührt ein Pflichtbesuch. Auf alle Fälle bleibt man in der Feinschmeckeretage hängen. Im Übrigen stehen die Modeläden am Ku'damm so dicht an dicht, dass jeder nach seiner Façon glücklich wird. Ein Stück Berliner Kulturleben ist die 1976 von 120 Autoren gegründete **Autorenbuchhandlung 🛍** (Savignyplatz, Else-Uy-Bogen, Charlottenburg, www.autorenbuchhandlung.com, Mo–Fr 10.30–20, Sa 10–19 Uhr) mit großer Lyrikabteilung.

KAFFEE MIT BLICK IN DEN ZOO

Kaffee oder Drinks gibt es auf der Terrasse zum Zoologischen Garten im **Bikini Berlin 3**, Hardenbergplatz 2.

ROOFTOP-BARS

Auf dem Dach des Hotels Zoo am Kurfürstendamm 25 zwischen Kranzler Eck und Apple-Store befindet sich das gegen den Wind verglaste **Rooftop 🔆** (tgl. 18–24 Uhr) mit Blick über West-Berlin. Von der **Monkey Bar 🔆** auf dem Bikini-Haus (Budapester Str. 40, www.bikiniberlin.de, tgl. 12–2) sieht man in den Zoo und vom Restaurant **Neni 5** (www.neniberlin. de, Mo–Fr 12–23, Sa/So 12.30–23 Uhr) Richtung Gedächtniskirche und Ku'damm.

Cityplan: A–C 5/6 | **U-Bahn** Kurfürstendamm, Wittenbergplatz, **Bus** 100, M19, M29

Wir sind hier nicht am Oberrhein, es kann ganz schön eisig sein. Zwischen Berlin und Sibirien gibt es keine echten Berge. Erst schicken sie uns die sibirische Kälte, dann verkaufen sie das Gas zum Heizen.

100 Hobby-Bewerter finden bei TripAdvisor den Ku'damm ausgezeichnet oder sehr gut, vier finden ihn mangelhaft und einer ungenügend. Was gibt es zu meckern? »Berlin war mal eine schöne Stadt, jetzt ist es voll mit Müll, Graffiti und so viele Menschen … Sehr touristisch und voll … Zehrt (noch) von vergangenen goldenen Zeiten!« Aha, Touristen meckern über zu viele …

höhe – denn auch beim Wiederaufbau nach dem Krieg und bei allen späteren Modernisierungen hielt man sich daran. Heute allerdings drängen Investoren darauf, in die Höhe bauen zu dürfen, am Bahnhof Zoo bis zu 118 m.

Am Ku'damm steht Schlendern und Shoppen auf dem Programm. Besonders Mode läuft hier gut.

Shopper-Paradies

Die Verlängerung der 3,5 km langen Flaniermeile bis zum Wittenbergplatz wurde 1907 mit der Eröffnung des **KaDeWe** 🛍 (Kaufhaus des Westens) abgeschlossen. Rund 60 000 Kunden statten dem größten Kaufhaus des Kontinents täglich einen Besuch ab.

Im **Europa-Center** 🛍 geht es mit 70 Läden weiter, darunter Kneipen und Fast-Food-Lokale. Auf dem benachbarten Breitscheidplatz mit dem **Weltkugelbrunnen** 1 geben sich Schmuckhändler, Porträtmaler, Musiker und Artisten vor den Geschäften ein Stelldichein.

Die Gegend ist Tag und Nacht belebt. Vor allem rund um die **Kaiser-Wilhelm-Gedächtniskirche** 2. Nach ihrer Zerstörung im Krieg blieb die Turmruine als Mahnmal erhalten. Daneben wuchs das 118 m hohe **Zoofenster** 3 in den Himmel, das mit Abstand höchste Gebäude der City West mit dem Waldorf Astoria Hotel. Präsidenten-Suite in der

Kaiser-Wilhelm-Gedächtniskirche

In Turnschuhen sollte man nicht über den Ku'damm latschen. Jedenfalls nicht, wenn man dazugehören will.

Der Schrei von **Liza Minelli** als Sally Bowles unter dem S-Bahn-Bogen am **Savignyplatz** im Film »Cabaret« ist die einzige wirklich in Berlin gedrehte Szene – ekstatisch, vibrierend.

31. Etage, Spa, Ballsaal und noch mehr Luxus als die 20 anderen 5-Sterne-Hotels in Berlin. In seinem Zwillingsturm Upper West bietet das Motel One fast 600 preiswertere Betten an. Hinter dem langgestreckten **Bikini Berlin** 🛈 mit Fashion, Gastronomie, Art, Design und Lifestyle verbirgt sich eine Café-Terrasse mit Blick auf Meerkatzen und Paviane im Zoo – zu erreichen über die Freitreppe neben dem **Kino Zoo Palast** ✱.

Neue Akzente am Ku'damm

An der Kreuzung Ku'damm/Joachimsthaler Straße entstand das Neue **Kranzler Eck** 4, ein 160 m langer Bürohauskomplex vom Deutsch-Amerikaner Helmut Jahn. Gegenüber erwuchs ein neues **Kudamm-Eck** 5 der Architekten Gerkan, Marg und Partner: ein sich nach oben verjüngender Rundbau, auf vier Etagen von C&A belegt, darüber auf sechs Etagen vom 5-Sterne-Swissôtel. Als Blickfang zieren das Gebäude – außer der auffälligen Videowand – die Skulpturen des Paris und der drei Grazien von Markus Lüpertz, die in die Fassade integriert sind.

Reiches Berlin

Edle Boutiquen und die großen Modemarken, dazwischen Antiquitätengeschäfte und Häuser mit hochkarätigem Schmuck schließen sich in der Meineke-, Fasanen- und Grolmannstraße an – ein ungestörtes Bild von Luxus und Kunst. Tommy Hilfiger, Höhe Fasanenstraße, dann kommen Uli Knecht, Kookai, Douglas, Tizian, Budapester Schuhe, Aigner und Marina Rinaldi, dazwischen das Caras-Gourmet und Starbucks.

Internationale Haute Couture konzentriert sich am oberen Ku'damm um die Schlüter- und Wielandstraße bis Höhe Giesebrechtstraße. Dicht an dicht haben sich hier in restaurierten Gründerzeithäusern Luxusmarken von Jean Paul Gaultier und Sonia Rykiel über Jil Sander bis Chanel niedergelassen.

Abstecher zum Savignyplatz

Vom Kommerziellen am Ku'damm zum Hochgeistigen am **Savignyplatz** 6, den Buchläden, Antiquariate, Galerien, Bars und Bistros säumen. Die Spur des Intellektuellen lässt sich in den drei an der Nordseite abzweigenden Straßen weiterverfolgen.

Schöner leben im Osten – **Prenzlauer Berg**

 # 10

Oben in Prenzlauer Berg gibt es einen Laden, der ›SexyMama‹ heißt und Mode für Schwangere verkauft. So ist, auf den Punkt gebracht, das Lebensgefühl in diesem Kiez: geschmackvoll, elegant, lässig, sexy. Jede Menge Wunschkinder leben hier, und vom Senefelder Platz bis hoch zur Sredzkistraße steht die Gegend unter dem Schutz des Gottes der kleinen Annehmlichkeiten.

Am Senefelder Platz steht der Bioladen **LPG** 🛍, was in diesem Fall »Lecker, Preiswert und Gesund« heißt und nur augenzwinkernd an die Zeit erinnert, als das Viertel sozialistisch heruntergekommen war – mit den niedrigen DDR-Mieten ließen sich keine Häuser sanieren. Heute leben hier

Man gehört schon irgendwie zu den Glücklichen, wenn man da wohnt. Aber es ist auch nicht viel anders als in den gehobenen Szenevierteln in Amsterdam, New York oder Kopenhagen. Es globalisiert sich.

Die legendäre Currywurstbude **Konnopke's Imbiss** ❶ (Schönhauser Allee 44, unter der Hochbahn, Mo–Fr 9–20, Sa 11.30–20 Uhr) steht da schon seit Ewigkeiten. Max Konnopke war ursprünglich ein reiner ›Wurstmaxe‹, der ab 1930 nur nachts mit dem Wurstkessel unterwegs sein durfte. Zum 85-jährigen Firmenjubiläum 2015 berichtete das Fernsehen ausführlich, und Dagmar Konnopke gab ein Buch zur Currywurst heraus. Übrigens gibt es hier sogar vegane Currywurst!

junge Familien mit Kindern, die sich gern mit Bio etwas Gutes tun. Die Studenten, die in der Nachwendezeit dieses Pflaster bevölkerten, sind älter und wohlhabender geworden. Die Künstler und Hausbesetzer der 1980er-Jahre mussten wegen zu hoher Mieten das Handtuch werfen. Miesmacher werfen Prenzlauer Berg vor, gentrifiziert und spießig geworden zu sein. Egal: Genießen Sie einfach die freundliche Atmosphäre, trinken Sie so viel Kaffee, wie Sie vertragen, und lassen Sie sich dann im Ayurveda-Wellnesszentrum **Surya Villa** ❶ in der Rykestraße wieder in Form streicheln.

Altbau für die Seele

Kopf hoch und Augen auf! Die Häuser sind zu schön, um darin nur im Erdgeschoss einzukaufen. Wäre die Wende ein oder zwei Jahre später gekommen, wären große Teile Prenzlauer Bergs heute Plattenbaugebiet – die Pläne lagen schon bereit. Dank der friedlichen Revolution wurde der Abriss verhindert, und heute steht hier das größte zusammenhängende Gründerzeitviertel Deutschlands. Wer hier wohnt, ist finanziell nicht wirklich mit dem unmittelbaren Überleben beschäftigt.

Rund um den Kollwitzplatz

Begehrte Wohnungen finden sich im **Wasserturm** ❶ – Park mit Kinderspielplatz inklusive. Der Turm ist ein Wahrzeichen mit viel Geschichte – nicht nur heimelig, denn hier hausten auch die Nazis. Aber die Adresse ist wahnsinnig exklusiv und liegt im Herzen des Schönwetterviertels, in dem die

Sünde? Torte muss schön fett sein. Geschmacksträger!

KÖRPERPFLEGE

Surya Villa ❶: Rykestr. 3, T 030 48 49 57 80, www.ayurveda-wellnesszentrum.de, Mo–Fr 10.30–20, Sa 11–20 Uhr
Vokuhila ❷: Kastanienallee 16/17/ Ecke Oderberger Str., T 030 44 34 25 13, www.friseur-vokuhila-berlin.de, Mo–Mi, Fr 10–20, Do 10–22, Sa 10–18 Uhr

KULINARISCHES FÜR ZWISCHENDURCH

Pasternak ❷: Knaackstr. 22/24, T 030 441 33 99, www.restaurant-pasternak.de, tgl. 9–1 Uhr
Miss Hue ❸: Knaackstr. 24, T 030 52 68 75 70, www.misshue.de, tgl. 12–24 Uhr
Café Anna Blume ❹: Kollwitzstr. 83, www.cafe-anna-blume.de tgl. 8–22 Uhr
Gugelhof ❺: Knaackstr. 37, T 030 442 92 29, www.gugelhof.de, Mo–Fr ab 17, Sa/So ab 10 (Frühstück bis 16 Uhr). Elsass-Spezialitäten: Tarte Flambée oder Bäckeoffe, Spanferkelhaxe auf Weizenbier-Kümmeljus und Weine
Belluno Ristorante ❻: Kollwitzstr. 66, T 030 441 05 48, tgl. 10–1 Uhr
Akemi ❼: Rykestr. 39, T 030 44 01 31 88, www.akemi-berlin.squarespace.com, tgl. 12–24 Uhr

Si An ❽: Rykestr. 36, T 030 40 50 57 75, www.sian-berlin.de, tgl. 12–24 Uhr, keine Reservierung
Prater ❾: Kastanienallee 7–9, T 030 448 56 88, www.pratergarten.de, Mo–Sa ab 18, So ab 12 Uhr, Küche tgl. bis 23 Uhr, Biergarten: April–Sept. bei schönem Wetter tgl. ab 12 Uhr

FUNDSTÜCKE

LPG 🅰: Kollwitzstr. 17, www.lpg-biomarkt.de, Mo–Sa 9–21 Uhr
Kollwitz 66 🅱: Kollwitzstr. 66, www.kollwitz66.de, Mo–Fr 7–22, Sa/So, Fei ab 8 Uhr
Bäckerei Plazebo 🅲: Kastanienallee 26, tgl. 6–19 Uhr
Eisdieler 🅳: Kastanienallee 12, www.eisdieler.de, Mo–Fr 12–20, Sa 11–19 Uhr
Der Secondhandladen **Sentimental Journey** 🅴 (Husemannstr. 5, www.sentimentaljourney-berlin.de, Mo–Sa 12–19 Uhr) ist wie dieser besondere Winkel auf Großmutters Dachboden, in dem man stöbern möchte.
Tipp: Sa 9–16 Uhr findet auf dem Kollwitzplatz ein schöner Markt statt. Dort gibt es alles von Anis bis Zimt, Fotos und Bücher, Kleinkunst und Trödel.

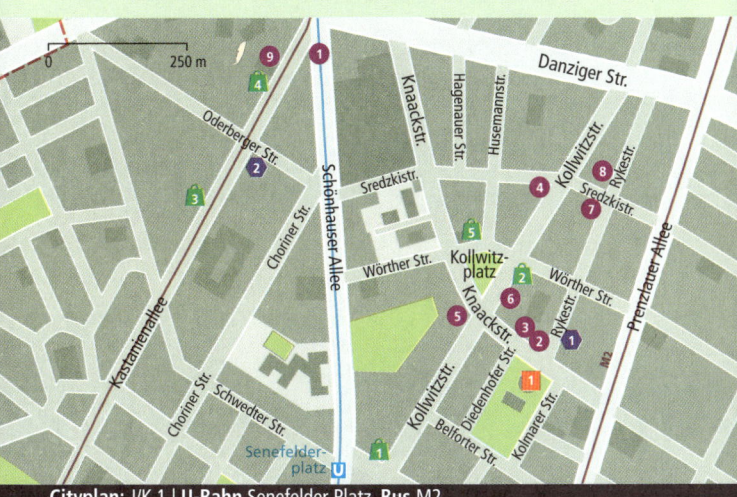

Cityplan: J/K 1 | **U-Bahn** Senefelder Platz, **Bus** M2

Seele verwöhnt und der Bauch gehätschelt wird: Patisserie an Papeterie, Wellness-Oase an Wickelstation und Café an Café.

Allein an der Ecke Knaackstraße/Rykestraße gibt es nebeneinander sechs Café-Restaurants, die Besucher an ihre Tische locken. Der Sonntagsbrunch des **Pasternak** ❷ sei hier besonders erwähnt: freundlich, lecker, ein bisschen anders als die normale Brunchszene. **Miss Hue** ❸ nimmt Sie mit auf eine kulinarische Entdeckungsreise nach Zentralvietnam. Im nach einem Gedicht von Kurt Schwitters benannten **Café Anna Blume** ❹ mit seinen üppigen Blumendekorationen werden die Kuchen eigenhändig gebacken.

Am Kollwitzplatz gibt es außer den großen und alteingesessenen Restaurants wie dem **Gugelhof** ❺ und dem Brunch-Italiener **Belluno** ❻ auch noch den Kiosk **Kollwitz 66** ❷. Den gab es schon vor der Wende, jetzt kennen Sie ihn vielleicht aus dem Fernsehen: Hier wird gedreht, was das Zeug hält!

Auch in der ruhigen Rykestraße gibt es quasi in jedem Haus Zubehör für die Schönheit von Haus, Körper, Geist und Seele. Im klassisch asiatisch eingerichteten kleinen Restaurant **Akemi** ❼ nennen sie die kleinen Vorspeisen Tapas, dabei handelt es sich um Kimchi oder Sate-Spieße oder grünen Papayasalat. Saigon Chicken, Veggie Wok oder Ente gibt es aber auch. Und etwas weiter hat das vietnamesische Restaurant **Si An** ❽ erstklassige Tees und Gerichte – und mit seinem kleinen Zen-artigen Garten vor der Tür eine Ruheoase fürs luxusmüde Augen.

Keine Marken-Tüte? Das halbtransparente Orange des Beutels spricht für Türkenmarkt. Als Signal wird vermittelt: über die wertorientierte Markenkommunikation sind wir hinaus. Identität finden wir jenseits von Marken. Und gendermäßig stimmt's auch – er schleppt.

Kastanienallee

Im **Prater** (Kastanienallee 7), dem historischen **Biergarten** ❾ mit schönen alten Bäumen, wo sich alles trifft, was Rang und Namen hat, sitzt man auch in der kühleren Jahreszeit ab 18 Uhr in der Gaststätte gut. Im Volksmund als ›Castingallee‹ bekannt, geht es hier, jenseits der Schönhauser Allee, cooler und jünger zu. Die Bäckereien heißen hier **Plazebo** ❶, die Friseure **Vokuhila** ❷, die Klamottenläden **Eisdieler** ❹ oder **Sentimental Journey** ❺, und junge Medienarbeiter sitzen mit ihrem Café Latte in hippen Läden ohne erkennbaren Namen. In den Hinterhöfen entstehen immer mehr Off-Galerien ganz junger Künstler.

Party für alle,
Tag und Nacht –
Friedrichshain

11

Das ist das Ausgehviertel für junge Leute zwischen 20 und 30 mit einer sich epidemisch vermehrenden Menge an Cafés, Clubs, Bars, Restaurants und Musikkneipen, 100, 200 oder 300. Im Sommer wie im Winter spielt sich das Leben auf der Straße ab. Umgangssprache ist Englisch, aber Spanisch oder Italienisch ist auch ok. Geöffnet ist quasi rund um die Uhr.

»This is more a club – this is more a bar – this is more a beergarden – this is a Kletterwand. Do you like it here?« So führt die junge Berlinerin ihre Gäste durch das **RAW** 1, den RAW-Tempel oder (wer weiß das schon noch?) das Gelände des ehemaligen Reichsbahnausbesserungswerks. Von der Oberbaumbrücke aus kommend, bleibt man

Straßen-Drummer. Sie machen elektronischen Techno auf den Farbeimern nach. 180 beats per minute.

Der **Ostbahnhof** 2 ist heute Ausgangspunkt zum Schlendern entlang der East Side Gallery. Früher hieß er Schlesischer Bahnhof oder im Volksmund ›Katholischer Bahnhof‹. Dort kamen die Menschen aus den katholisch geprägten preußischen Provinzen Oberschlesien und Posen im sonst protestantischen Berlin an, aus Krakau, Annaberg, Lodsch, aber auch aus Danzig, Königsberg und Breslau. Rund um den Bahnhof entwickelte sich in den 1920er-Jahren ein Viertel der Gestrandeten, Kriminellen, Glücksritter und Prostituierten. Die Miete, so ein Schriftsteller, wurde mit dem Revolver kassiert.

Gourmet am Stand, aber in der Halle. Die alten Berliner Markthallen sind ideal dafür geeignet.

einfach im Strom der Menschen Richtung Revaler Straße, holt sich ein Bier aus einem Späti und trägt das den ganzen Abend in der Hand, sonst fällt man auf. Alternativ geht auch eine Club-Mate. Das RAW ist befreites Gebiet, eine Art Kindergarten für junge Erwachsene, ein Berliner Biotop, das unter Schutz steht, denn die Bezirksversammlung Friedrichshain-Kreuzberg hat festgelegt, dass hier nicht gebaut wird, also keine neuen Wohnungen entstehen.

Laktosefrei, vegan, aber schön süß

Wenn man im **Emma Pea** 1 (vegetarian food and bar) auf einer ehemaligen Entladerampe sitzt, kam man schon vorbei an Kunstinstallationen, Clubs, Open Air Sessions und kann noch einen arabischen Gemüsedöner in der **Kültürzeit** 2 an der Ecke zur Simon-Dach-Straße mitnehmen. Oder das nächste Wegbier. Entlang der Einfallschneise zum Kneipenviertel kommt man am **Primitiv** ✴ vorbei, an der Kickerkneipe **Kptn A. Müller** 2, dem **Späti Esperanto** 🛈, einem **Yogi-Snack** 3, dem **Thai Phiset** 4 sowie dem **Kingston** 5 oder dem **Cayetano** 6.

Duschen zu Eventlocation

Von da aus ist es nicht mehr weit bis zum Boxi, dem Boxhagener Platz. Dort findet am Sonntag der **Flohmarkt** 2 statt. Wie in Berlin üblich, nutzen ihn Künstler als Galerie für ihre Werke. Daneben gibt es hier von Omas Kittelschürze bis zu ausgefallenen Lampen, Ostmöbeln oder T-Shirts einfach alles. Es liegt eine geradezu familiäre Atmosphäre über dem Platz, auch abends, wenn Hunde sich jagen, Jongleure noch üben und Wegbierflaschensammler ruhig ihre Bahnen ziehen.

Das **Artliners** ✴ ist einer dieser leicht morbiden Rockschuppen von Friedrichshain. Man traut sich zunächst nicht hinein. Doch mit Glück gibt es gerade ein Konzert, das wirklich Laune macht. Gegenüber ist das **Szimpla Kaffeehaus** 7, während das **Szimpla Badehaus** ✴ auf dem RAW-Gelände coole Live-Konzerte bietet in den ehemaligen Duschen der Reichsbahnmitarbeiter.

Gastro global und preiswert

Kulinarisch hat der Kiez einen ganz eigenen Charakter, die einfachen Imbisse um den Boxi haben es in sich: der Schnellimbiss **Burgeramt** 8 in der Kros-

KULINARISCHES FÜR ZWISCHENDURCH

Emma Pea : Revaler Str. 99, www.emmapea.com, Küche Di–Do 17–23, Fr/Sa 16–24, So 13–23, Bar Di–So ab 21 Uhr

Kültürzeit : Simon-Dach-Str. 2, T 030 29 77 89 00, tgl. 10–24, Fr/Sa bis 3 Uhr

Yogi-Snack : Simon-Dach-Str. 11, T 030 29 00 48 38, tgl. 11.45–2 Uhr

Thai Phiset : Simon-Dach-Str. 11, tgl. 11.30–23.30 Uhr

Kingston : Simon-Dach-Str. 12, T 030 49 98 71 88, durchgehend geöffnet

Cayetano : Simon-Dach-Str. 14, www.cayetano-berlin.de, tgl. ab 9 Uhr

Szimpla Kaffeehaus : Gärtnerstr. 15, T 030 66 30 85 23, www.szimpla.de, So/Mo 9–24, Di/Mi 9–1, Do–Sa 9–2 Uhr

Burgeramt : Krossener Str. 22, T 030 40 03 98 03, www.burgeramt.com, tgl. ab 11 Uhr, Neuland-Fleisch

Al Gasali : Krossener Str. 21, T 030 23 35 12 36, tgl. 10–1 Uhr

Lisboa : Krossener Str. 20, T 030 93 62 19 78, www.lisboa-bar-berlin.de, Mo–Fr 17–24, Sa/So 12–24 Uhr

Mammam Garküche : Gabriel-Max-Str. 2, T 030 20 31 84 82, www.mammam-berlin.de, tgl. ab 13 Uhr

Eismanufaktur : Gärtnerstr. 33a, www.eismanufaktur-berlin.de, in der Eissaison tgl. ab 12 Uhr. So gut, dass die Gourmetzeitschrift »Feinschmecker« bereits zweimal darüber berichtet hat.

PARTY NON-STOP

Primitiv Bar : Simon-Dach-Str. 28, Mo–Do 18–2, Fr/Sa 18–5, So 18–24 Uhr

Kptn A. Müller : Simon-Dach-Str. 32, www.kptn.de, tgl. ab 18 Uhr

Artliners : Gärtnerstr. 23, T 030 97 00 21 57, www.artliners-berlin.com, Mo–Fr ab 14, Sa/So ab 15 Uhr

Szimpla Badehaus : Revaler Str. 99, T 030 25 93 30 42, www.badehaus-berlin.com, geöffnet je nach Programm

FAHRRAD-MANUFAKTUR

Im **Goldenen Lenker** werden nicht nur Ketten geölt, sondern auch Unikate nach den Wünschen der Kunden hergestellt (Grünberger Str. 90, www.zumgoldenenlenker.de, Mo–Fr 9–20, Sa 10–18 Uhr).

Cityplan: östlich M 4 | **S-/U-Bahn** Warschauer Straße, Frankfurter Tor

Lesenswert ist das Buch
Boxhagener Platz
(2004) von Torsten Schulz.

*Wahnsinn! Und nur so
zum Spaß. Die Farben
sehen nach Waldorf-
schule aus – aber das
hier ist doch eine andere
Nummer als Eurythmie.*

Dirk Moldt, der beste
Friedrichshain-Kenner,
empfiehlt die **Zwingli-
Kirche** (Rudolfstraße 14)
anzusehen, weil der rie-
sige, 1908 eröffnete Bau
nach dem Fall der Mauer
vom Volk wieder als Kul-
turRaum instandgesetzt
wurde, dort dauernd Ver-
anstaltungen stattfinden
und sogar wieder eine
Kirchengemeinde einge-
zogen ist. Wieder einmal
ehrenamtliches, bürger-
schaftliches Engagement,
das Kontrastprogramm
zur East Side Gallery, der
Warschauer Brücke und
dem RAW.

sener Straße zum Beispiel, der vielleicht die besten
Burger der Stadt verkauft. Direkt daneben steht der
für seine Falafel bekannte Imbiss **Al Gasali** 9, ein
eher unscheinbarer Laden, aber alle Welt schwört
auf seine Kichererbsenbällchen.

Eigentlich verstößt es gegen das Diskriminie-
rungsverbot, einzelne Locations zu erwähnen, denn
das **Lisboa** 10 mit Alentejo Hühnchen und Seeteu-
fel-Schwänzen nebenan in der Krossenerstraße sowie die vietamesische **Mammam Garküche** 11 in der
Gabriel-Max-Straße (»alles ohne Gluten«) haben es
genauso verdient, erwähnt zu werden – aber es ist
nicht ganz sicher, ob es die Restaurants wirklich
noch gibt, wenn dieses Buch im Einsatz ist.

Was es mit ziemlicher Sicherheit noch geben
wird, da einfach zu lecker: die **Eismanufaktur** 12.
Die lockt nicht nur mit laktosefreien und veganen
Eissorten, sondern auch mit ungewöhnlichen Ge-
schmackserlebnissen wie Karamell Fleur de Sel oder
Weiße Schokolade mit Parmesan.

Wir waren die Ersten!

In der Grünberger Straße befindet sich der Service-
Shop **Zum Goldenen Lenker** 3 und an mehreren
Stellen kann man Räder mieten, also Rent-a-Bike
natürlich. Gegenüber vom Yogi Ashram vibriert das
rote Licht einer Table-Dance-Bar. Ein Fremdkörper?
Neu hier? »Nee, früher hießen wir Lord Gabriel und
waren eine Sauna-Bar. Seit 1991. Wir waren hier,
bevor das alles losging.« Wenn Berlin die coolste
Stadt Europas ist, ist Friedrichshain der coolste Kiez.

→ UM DIE ECKE

Das **Frankfurter Tor** 3 bietet Anlass zu einer
kurzen baukundlichen Schulung: Ist das nun
Zuckerbäckerstil à la Stalin oder auf Schinkel
beruhende Bautradition? Unverkennbar wurde
hier das historische Erbe des Berliner Klassizismus
aufgegriffen, sogar mit dorischen und ionischen
Säulen. Aber Studienreisen der DDR-Architekten
nach Moskau sind auch mit eingeflossen. So entstand ein einmaliges Ensemble. Stilprägend sind
die hohen Torhäuser mit Kuppel am Frankfurter
Tor nach Plänen von Hermann Henselmann. Die
Karl-Marx-Allee wurde nach dem Fall der Mauer
zweimal grundlegend saniert und ist heute wieder eine beliebte Wohnadresse. Leider gibt es die
Funktionärs-Tribüne nicht mehr.

Mauerkunst – **die East Side Gallery**

Die East Side Gallery 1 war ein Nichts. Nichts als ein Stück weiß getünchte Mauer. Völlig unscheinbar. Erst die Kunst verhalf ihr zu diesem phantastischen Erfolg. Die East Side Gallery ist der Prototyp des Wendegewinners.

Nach der Friedlichen Revolution schien nichts wichtiger, als die Mauer rückstandslos zu beseitigen. Einzelne Brocken wurden als Souvenir und vollständige Segmente zum Gedenken an den Freiheitswillen der Berliner in die ganze Welt verkauft. Doch ein 1300 m langer Abschnitt an der Mühlenstraße zwischen **Ostbahnhof 2** und **Oberbaumbrücke 3** blieb erhalten. Diese Hinterlandmauer war Teil des ›antiimperialistischen Schutzwalls‹ der DDR und sollte ihre Bürger von der Flucht über die Spree in den Westen abhalten. 16 Mauer-Opfer gab es in Sichtweite der East Side Gallery.

Vom ›antiimperialistischen Schutzwall‹ zum Kunstwerk

Im Frühjahr 1990 machten sich 118 Künstler aus 21 Ländern ans Werk. Sie schufen die längste Open-Air-Galerie der Welt, und Bilder, die um die Welt gingen: der Bruderkuss zwischen Leonid Breschnew und Erich Honecker von Dmitri Vrubel oder der die Mauer durchbrechende Trabi

Wo es das Poster und die Postkarten mit dem Bruderkuss von Dmitri Vrubel gibt, klebt ein kleiner Spickzettel an der Kasse, so Wikipedia-mäßig. Breschnew, sowjetischer Regierungschef, und Honecker, DDR-Häuptling. Nein, liebe Spanierinnen, das Bild hat nichts mit Toleranz und schwulen alten Männern zu tun.

Cityplan: östl. M 5/6 | **S-/U-Bahn** Warschauer Straße, Ostbahnhof

INFOS/ÖFFNUNGSZEITEN
www.eastsidegallery-berlin.de

ENTSPANNEN UND AUSGEHEN
Öffnungen in der Mauer führen zum Ufer.
Luft holen, Aussicht genießen, und einen
Cocktail mit Blick aufs Wasser.

PROVIANT EINKAUFEN
Im Ostbahnhof kann man sich für den
langen Marsch entlang der East Side
Gallery versorgen: Neben **Supermarkt**
(Am Ostbahnhof 9, tgl. 7–24 Uhr) und
Drogeriemarkt (Am Ostbahnhof 9,
tgl. 8–22 Uhr) gibt es dort Stände und
Buden mit Essen und Trinken.

ÜBRIGENS

Die 1894–96 aus
Ziegelsteinen errichtete
zweistöckige **Ober-
baumbrücke** über der
Spree besitzt einen Arka-
dengang und Türme, die
an die Hanse-Architektur
erinnern. Sie diente einst
als Zollbrücke, die nachts
mit einem Baumstamm
gesperrt wurde.

von Birgit Kinder, das Symbol für Freiheitswillen.
Diese Kunstgalerie unter freiem Himmel wäre zur
DDR-Zeit nie möglich gewesen.

Das Leiden der Künstlerinitiative

Viele Gemälde verwitterten und wurden be-
schmiert. Auf Initiative des Künstlers Kani Alavi hin
und mit Unterstützung von Jörg Weber von der
Künstlerinitiative East Side Gallery konnten 87 Bilder mit öffentlichen Mitteln saniert werden. Heute
ist die East Side Gallery an mehreren Stellen für
die **Mercedes-Mehrzweckhalle** 4 sowie für wenig
passende Neubauten durchbrochen. Wirklich quä-
lend ist jedoch die Respektlosigkeit und Dummheit
mancher Touristen. Sie erzählen sich gegenseitig,
der Kuss der beiden alten Schwulen Breschnew
und Honecker stehe für die Toleranz in Berlin, und
sie bringen Birgit Kinder zur Verzweiflung, die ihr
Gemälde so oft neu malen musste, weil sie unbedingt ihren belanglosen Namen an die Mauer
krakeln müssen. Diese Touristen sind eine Plage.

Das perfekte Leben –
Planet Kreuzberg

13

Kreuzberg bietet, was Lonely Planet verspricht: »wunderbar kribbelig, verdreht und unberechenbar«. Kreuzberg löst weltweit spontane Leidenschaft aus. Kreuzberg ist das Testgebiet für Lebensentwürfe, gastronomische Konzepte und veganes Sexspielzeug. Wer am Leben teilhaben will, kommt nach Kreuzberg.

Wir lassen es aber langsam angehen. Urban Gardening im **Prinzessinnengarten** 1 mit U-Bahn-Anschluss am Moritzplatz. Mangold, Calendula, Kohlrabi, knallrote Chili, Bienenstöcke – ein verzaubertes, riesiges Grundstück voller Pflanzen in Reissäcken, Bäckerkisten und Milchtüten, eine blühende und duftende Oase von und für Leute, die nicht nur etwas tun wollen, sondern es tatsächlich begeistert tun. Vom Café **betahaus** 1

Hier rannte Lola! Sie kam gerade aus dem Haus am Opernplatz, in dem sich heute das Hotel de Rome befindet, und zack! – Schnitt – lief sie am Schlesischen Tor unter dem Bahnviadukt hindurch Richtung Oberbaumbrücke.

*Und das Gute am Honig
aus der Stadt ist, dass
er nicht belastet ist.
Keine Pestizide und so
ein Kram, wie es auf
dem Land vorkommt.
Jedes Hotel, das etwas
auf sich hält, hat jetzt
Bienen auf dem Dach.*

im Ramadan bilden sich
bei Sonnenuntergang
Schlangen auf der
Oranienstraße vor
Nr. 28, vor der Bäckerei
Melek ❷, zu Deutsch
›Engel‹. Das Fladenbrot
ist hier außergewöhnlich
gut. Und sonst noch?
Tulumba, Kadayif, Lokum,
Baklava, Saribruma, aber
auch Kokosmakronen,
Vanillegipfeln, Mandel-
hörnchen, Kirschstreusel,
Käsekuchen, Sesamringe
und Börek mit Spinat
und Schafskäse.

aus kann man das Treiben im nomadischen Grün
beobachten – handlungsorientiertes Lernen, Um-
weltbildung praktisch und erfolgreich. Taiwan,
New York und Neu Delhi, überall hat sich das
herumgesprochen.

Vergessener Ort

Es handle sich um eine temporäre Nutzung, sagen die Initiatoren, aber sie verweisen auch darauf, dass das Grundstück 60 Jahre brach lag. Wie
das, mitten in der Stadt? Dort war in den 1970ern
eine Autobahn geplant, die durch militante Bürger
verhindert wurde. Der Ort lag am Ende der (westlichen) Welt, direkt vor dem **Grenzübergang** ❷
Heinrich-Heine-Straße nach Ost-Berlin, wo um
die Ecke in der Sebastianstraße **Fluchttunnel** ❸
gegraben und Menschen erschossen wurden (Gedenktafel). Und davor? 1890 eröffnete Wertheim
dort sein erstes Geschäft mit frei ausgelegter Ware
in Selbstbedienung, später ein riesiges Kaufhaus
mit U-Bahn-Anschluss, am 3. Februar 1945 beim
Bombenangriff zerstört. Also ein Grundstück, das
1935 als »rein jüdisch« eingestuft wurde. Georg
Wertheim überschreibt es seiner arischen Frau –
doch das nützt nichts, die Nazis reißen es sich unter den Nagel. So sagenhaft viel Geschichte unter
dem Urban Gardening.

Oranienplatz und Kotti

Am 1. Mai werden keine Steine mehr geschmis-
sen. Die Hipster und Medienfuzzis haben sowohl
die Ökos wie auch die Autonomen Vergangenheit
werden lassen. Mittags hört man sie in den zahl-
reichen Futterstellen über Projekte, Aufträge, För-
deranträge und ihre Chefs reden. Etwas abseits im
Schatten wurde bei der Neugestaltung des Orani-
enplatzes für die Alkis eine eigene Ecke mit Pissoir
geschaffen.

Zum Kotti, dem **Kottbusser Tor,** könnte man
direkt über die Dresdner; dann kommt man am
Gorgonzola Club ❸, der Bar **Würgeengel** ❶,
dem englischsprachigen Kino **Babylon** ❷ und bei
Tayfun vorbei, meinem türkischen Herrenfriseur.
Außerdem an dem Haus, in dem ich Anfang der
1970er den Elefanten Press Verlag mitgründete,
bei dem mein erstes Buch über den Freiheitskampf
in Nordirland erschien. Damals gab es nur Kartof-
felläden sowie Kohlehandlungen und die Verlags-

toilette befand sich auf halber Treppe. Heute gibt es den schwullesbischhetero Ausgehclub **Möbel Olfe** . Im Museum **FHXB** 4, also Friedrichshain-Kreuzberg, ist der ständige Gentrifizierungsprozess – alle 30 Jahre eine Häutung – wunderbar dargestellt. Es ist das wichtigste Bezirksmuseum.

Am Kotti selbst halten auch Berliner ihre Taschen etwa fester. Alte deutsche Junkies warten an einem U-Bahn-Ausgang auf türkische Jungdealer, es treibt sich Gesindel herum. Doch die türkischen Geschäftsinhaber, die sich vom Senat im Stich gelassen fühlen, haben sich zusammengeschlossen, um den Kotti wieder zu unserem zu machen. Die Cannabis-Pflanzung auf der Verkehrsinsel wurde allerdings von der Polizei vorzeitig abgeerntet. Die haben einen, der das erkennt. Es ist alles nicht gefährlich. Man kann gucken und sich mit Döner-Soße bekleckern.

Der Betonklotz mit Wohnungen und Moscheen, Clubs und Bars mit Kronleuchtern und Theaterbühne stammt aus der Zeit, als aus dem Kotti ein überdimensionales Autobahnkreuz werden sollte.

Oranienstraße – türkisch international

Aus dem ersten türkischen Lokal **Hasir** 4 (Kuttelsuppe) an der Ecke Adalbert- und Oranienstraße, gegründet 1979 von Mehmet Aygün, wurde ein Konzern mit Steakhäusern und Hotels. Schräg gegenüber bei **Mawal** 5 kann man sich Ratschläge holen, wie man illegal von der Türkei nach Kurdistan (Irak) kommt. »Ich gehe da immer mit meiner Mutter zum Zahnarzt, ist billiger.« In den Buchhandlungen der Oranienstraße gibt es die Kreuzberger-Bildbände »Inside Kreuzberg« – »SO 36« – »Die kleine Kreuzberggeschichte« zu kaufen. In den **Oranienhof** 5 sollte man am besten mal reingehen und gucken. Brandenburger Tore als Bürsten gibt es in der **Imaginären Manufaktur** 🔒. Der Konzertclub trägt seit den 1980er-Jahren den Namen des Viertels bzw. des alten Kreuzberger Postbezirks **SO 36** ☀. Damals schon kamen Leute aus der ganzen Welt, um Party zu machen.

Engelbecken – Palmen für Kreuzberg

Das **Engelbecken** 6 sollte eigentlich so wie das Taj Mahal werden, mit Palmen, Elefanten, mit warmem Wasser aus der früheren Eisfabrik an der Köpenicker sowie der Spiegelung der Micha-

Der Agrikultur der Prinzessinnengärten gegenüber liegt die Kultur: das **Aufbau-Haus** mit dem Verlag, mit Buchhandlung, Cafés, modernem türkischen Bistro und mit riesigem Planet-Modulor, einem traumhaften Bau- und Bastelhaus für ungebremste Kreativität.

Mittags gehen jetzt alle hier essen. Da wird gekocht – in vielen kleinen Restaurants oder Bioläden in der Oranienstraße. Mensapreise. Abends ist es schön durchmischt, deutsch, türkisch, Berliner, Touris.

INFOS/ÖFFNUNGSZEITEN

Prinzessinnengarten 1 : Prinzenstr. 35–38/Prinzessinnenstr. 15, http://prinzessinnengarten.net, tgl. ab 10 Uhr
FHXB Museum 4 : Adalbertstr. 95a, T 030 50 58 52 33, www.fhxb-museum.de, Mo–Fr 12–18, Sa/So 12–18 Uhr, Eintritt frei
Oranienhof 5 : Oranienstr. 183
Kinderbauernhof 8 : www.kbh-mauerplatz.de, tgl. 9–18 Uhr

KULINARISCHES FÜR ZWISCHENDURCH

betahaus 1 : Prinzessinnenstr. 19–20, T 030 609 80 92 70, http://cafe.betahaus.com, Mo–Fr 8–18, Sa 10–16 Uhr
Melek Pastanesi 2 : Oranienstr. 28, T 030 614 51 86, durchgehend geöffnet
Gorgonzola Club 3 : Dresdener Str. 121, T 030 615 64 73, www.gorgonzolaclub.de, tgl. ab 18 Uhr
Hasir 4 : Adalbertstr. 10, T 030 614 23 73, http://hasir.de, tgl. 12–24 Uhr
Mawal 5 : Oranienstr. 30, T 0176 62 26 32 87, www.mawal-berlin.com, Mo–Do 10.30–2, Fr/Sa bis 4, So 11–2 Uhr
Café am Engelbecken 6 : Michael-kirchplatz 24, T 030 64 31 51 34, www.cafe-am-engelbecken.de, tgl. 10–24 Uhr

FUNDSTÜCKE

Imaginäre Manufaktur 1 : Oranienstr. 26, T 030 285 03 01 21, www.dim-berlin.de, Mo–Fr 10–16 Uhr
Other Nature 2 : Mehringdamm 79, www.other-nature.de, Mo, Mi–Fr 11–20, Di bis 18, Sa bis 19 Uhr. Veganes Sexspielzeug, Peitschen aus Fahrradschläuchen anstatt aus Leder, Seile aus Hanf und Kondome ohne Milcheiweiß

AUSGEHEN

Würgeengel 1 : Dresdener Str. 122, T 030 615 55 60, www.wuergeengel.de, tgl. ab 19 Uhr (open end)
Babylon Kino 2 : Dresdener Str. 126, T 030 61 60 96 93, www.babylonberlin.de, Original mit Untertiteln. Mo Kinotag
Möbel Olfe 3 : Reichenberger Str. 177, T 030 23 27 46 90, www.moebel-olfe.de, Di–So ab 18 Uhr
SO 36 4 : Oranienstr. 190, T 030 61 40 13 06, www.so36.de

Cityplan: K/L 5/6 | **U-Bahn** Kottbusser Tor, Moritzplatz, **Bus** M29

elkirche. Gartenbaudirektor Erwin Barth hatte das 1926 schön gezeichnet, als der im Jahr 1848 angelegte Luisenstädtische Kanal zugeschüttet wurde, weil er aufgrund mangelnder Strömung stank. Aber die katholische Kirche probte den Aufstand: keine Halbnackten in Sichtweite des Gotteshauses. Die Katholiken verhinderten das Tropenparadies in Kreuzberg erfolgreich, aber Indischer Brunnen und Rosengarten kamen. Dass zur Mauerzeit alles zugeschüttet und voller Wachtürme war, von denen aus auf Flüchtlinge geschossen wurde, ist heute nicht mehr zu erkennen. Vom **Café am Engelbecken** ❻ aus (ist schon Bezirk Mitte) sieht man bei Pizza Rucola den Schwänen, Lachmöwen, Enten sowie den vielen Schildkröten und dem Sturzflug des Graureihers zu, wenn er sich einen Fisch gönnt.

Randale in Kreuzberg am **1. Mai** – das beschäftigt alle Jahre wieder Polizei und Medien (ist aber ein Auslaufmodell). Dabei trumpfen vor allem Halbstarke auf, während die gesellschaftspolitischen Forderungen der Autonomen keine Rolle mehr spielen. Inzwischen sind die Radaumacher aber immer weiter an den Rand gedrängt worden. Am 1. Mai wird einfach nur Party auf der Straße gemacht.

Mauerverlauf und Mariannenplatz

Am **Leuschnerdamm** ❼ (vor Nr. 7 bis 25) erkennt man heute noch an der gepflasterten Straße an den Asphaltflecken, wo die Mauer verankert war – direkt vor den Häusern. Richtung Bethanien, heute Park, damals Todesstreifen, bemalte der Franzose Thierry Noir die Mauer, als er im besetzten Georg-von-Rauch-Haus lebte. Rockmusiker Rio Reiser widmete dem Haus mit »Ton Steine Scherben« seine Hausbesetzer-Hymne »Der Mariannenplatz war blau, so viele Bullen waren da«. Frage auf YouTube dazu: »Was genau ist mit Rauchhaus gemeint? Hat's das mal wirklich gegeben?«

→ **UM DIE ECKE**

Die armen Kinder von Kreuzberg zur Mauerzeit sollten Schafe, Ziegen, Esel, Ponys und Hühner kennenlernen. Den **Kinderbauernhof** ❽ mit vielen Bänken erreicht man von der Adalbertstraße/Ecke Bethaniendamm aus – mitsamt Wagenburg. Obdachlose? Nein. Flüchtlinge? Nein. Fahrendes Volk? Nein. Holger hat seine Examensarbeit darüber geschrieben »Nähe und Distanz im Lebensmodell Wagenburg«. Dusche, DSL, Postzustellung – klappt alles. Ein Freiraum zur Entschleunigung und Selbstverwirklichung, wenn nicht gerade eine Party mit den vielen Bewunderinnen aus Spanien oder Amerika stattfindet.

Kein wildes Indianerland, sondern schöne Gärten, am Bethanien, am Rauch-Haus, von türkischen Familien, von deutschen Lebenskünstlern.

#14

Kneipen, Kunst, Kreuzkölln – **Neukölln**

Jung, kunstbesessen und cool – so zeigt sich das kleine Viertel um die Reuterstraße, der Reuterkiez, auch ›Hipsterhausen‹ genannt. Bars, Galerien, eigentümliche Läden. Kreuzkölln explodiert in allem, was Szene-Kunst ist.

Frische Kräuter kommen als Büschel in Gemüsekisten, nicht in Bonsai-Töpfchen wie im Supermarkt. Hummus, Chili, Knoblauch. Bunt geht es auch bei den Stoffen zu, bei Kurzwaren. Aber es ist kein Basar, handeln läuft eigentlich nicht. Oder?

Steigt man an der U-Schönleinstraße aus, versorgt man sich bei **Dilan** ❶ erst einmal mit echtem kurdischem Fladenbrot, direkt aus dem Lehmofen, für 90 Cent das Stück.

Kreuzkölln ist aber auch zu Fuß vom Kotti aus zu erreichen, dann sieht man am Landwehrkanal gleich hinter der **Ankerklause** ❷ den **Türkenmarkt** 🛍, der auch offiziell so heißt. Das Basar-Feeling ist einmalig. Dienstags und freitags zwischen 11 und 18 Uhr bringen die Händler am Maybachufer alles, was man sich nur vorstellen kann, zu Schleuderpreisen unter das Volk – Stoffe, Fahrradzubehör, Lebensmittel.

Die Handelssprache ist vor allem Türkisch. »Bu ne Kadar?« heißt: »Wie viel kostet das?« Und »Bu çok Pahalı!« heißt: »Das ist zu teuer.« Damit sollten Sie auskommen. Aber Deutsch wird natürlich auch verstanden.

Musik und Dichter

Musik ist in den Kneipen mit Wohnzimmeratmosphäre ein identitätsstiftender Faktor – abwechslungsreich und auf hohem Niveau, mit sehr unterschiedlichen Stilen und kulturellen Einflüssen aus vielen Regionen der Welt. Ansonsten findet sich oft eine nette Einrichtung, bestehend aus 1950er- oder 1960er-Jahre-Möbeln, wilden Tapeten oder Wandfarben und schrägen Accessoires. Es kann auch Yoga geben oder argentinischen Tanz. Die Kneipen- und Restaurantlandschaft verharrt kaum in Konstanz. Treiben lassen und dieses Buch nicht so ernst nehmen, vielleicht zu einem ambitionierten Friseur zwischendurch oder trashigen jungen Autoren im kuscheligen **Café Myxa** ❸ bei leckerem Kaffee, Kuchen und Quiche lauschen, bei einer Stand up Comedy mal selbst was bringen.

Denglisch. Extra oder aus Versehen? Wenn die Verkäuferin eigentlich russisch als Muttersprache hat …

Konzerte und Klamotten

Eine Auswahl der Möglichkeiten, die sich dem Nachtschwärmer auf kleinem Raum bieten: das **Schilling** ☀, das kamingeheizte **Kuschlowski** ☀ und das **Ä** ☀ befinden sich alle in der Weserstraße, oder direkt gegenüber das **Tier** ☀. Näher zum Maybachufer liegt der **Raumfahrer** ☀. Überall kann es zu Spontankonzerten kommen, und die meisten Läden haben auch einen Veranstaltungsplan, einige aber kein Namensschild an der Tür.

Die Eisdiele **Fräulein Frost** ❹ ist nicht nur Anlaufstelle für Neukölln-Hipster mit Kindern, auch ernährungsbewusste Großstädter verweilen dort gern. Das selbst gemachte Bio-Milcheis gibt es in täglich wechselnden Sorten, veganes Fruchteis wie Erdbeer-Basilikum ist auch bei nicht-Veganern sehr beliebt.

Klötze und Schinken ❺ ist ein Galerie-Café mit Kunst und hervorragendem Kakao, das **Ting-Ding** ❷ eine Klamottengalerie, in der die Designer aus alten Hosen zum Beispiel coole Pullover machen. Hippe Mode, ganz Berliner Style, witzig und in Kreuzkölln im Laden entworfen, gibt es bei Barbara Kristen von **icke, BERLIN** ❸ in der Friedelstraße.

Billige, an der Kottbusser Brücke **geklaute Räder** an der Ankerklause besser nicht kaufen.

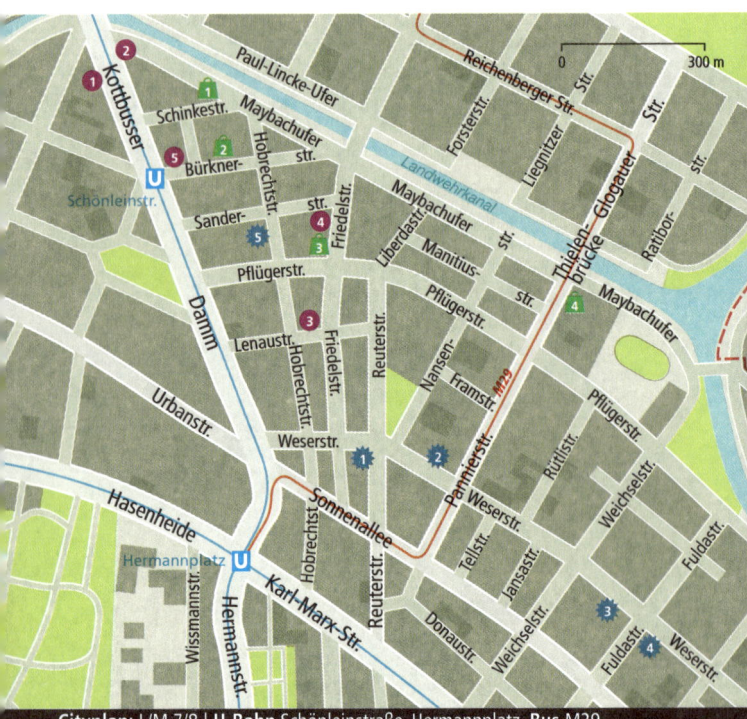

Cityplan: L/M 7/8 | **U-Bahn** Schönleinstraße, Hermannplatz, **Bus** M29

ESSEN UND AUSGEHEN

Dilan ❶: Kottbusser Damm 6, T 030 63 90 19 25, Mo–Fr 9–19, Sa/So 10–18 Uhr

Ankerklause ❷: Kottbusser Damm 104, T 030 6935649, www.ankerklause. de, Mo ab 16, Di–So ab 10 Uhr

Café Myxa ❸: Lenaustr. 22, Mo–Do 10–1, Fr/Sa 10–2, So 10–24 Uhr

Fräulein Frost ❹: Friedelstr. 39, T 030 95 59 55 21, tgl. ab 12 Uhr

Klötze und Schinken ❺: Bürknerstr. 12, T 030 26 32 33 49, www.kloetze undschinken.de, tgl. 12–18 Uhr

Schilling ✦: Weserstr. 9, www.schil lingbar.de, tgl. 18–22 Uhr, meist länger

Kuschlowski ✦: Weserstr. 202, T 0176 24 38 97 01, www.kuschlowski.de, tgl. ab 20 Uhr

Ä ✦: Weserstr. 40, www.ae-neu koelln. de, tgl. ab 17 Uhr

Tier ✦: Weserstr. 42, www.tier.bar, tgl. ab 18 Uhr

Raumfahrer ✦: Hobrechtstr. 54, https://de-de.facebook.com/raumfahrer. berlin, Mo–Sa ab 19 Uhr

FUNDSTÜCKE

TingDing ❷: Bürknerstr. 11, www.ting ding.de, Di–Fr 14–19, Sa 11–19 Uhr. Mode aus Kreuzkölln für die hippen Läden im ganzen Land hat **icke, BERLIN ❸** (Friedelstr. 35, T 030 62 98 99 97, www.icke-berlin.de, Mo–Fr 10–18 Uhr). In diesem Atelier entwirft Barbara Kristen die nächste Kollektion des Berliner Labels.

Lecker: **Martins Place Kuchenmanufaktur ❶** (Pannierstr. 29, www. martinsplace.de, Mi–Fr 11–18, Sa/So 12–18 Uhr).

Freiheit ohne Ende –
**Tempelhofer Feld
THF**

Der Wille des Volkes hat sich durchgesetzt: Freiheit für das Tempelhofer Feld. Da hat der Senat bei der Volksabstimmung ganz schön was auf die Nase gekriegt, denn er darf nun an den Rändern keine Wohnungen bauen. Die offene Weite mitten in der Stadt bleibt der Gegenentwurf zum gestalteten Tiergarten.

»Vielleicht Schafe?«, fragt der Senat jetzt vorsichtig. Also, wenn sie die Aktivitäten der anderen Nutzer nicht stören? Nein, nein, kein Kinderbauernhof.
   Was kann man auf dem Tempelhofer Feld eigentlich unternehmen – zum Beispiel abends, wenn

Verwegene Typen, aber hier nicht auf dem Rollfeld, das ist breiter. Es ist ein irres Gefühl, auf dem Runway laufen oder mit dem Rad fahren zu können.

Nur wenig erinnert an die große und großartige Zeit von Tempelhof. Gar nichts an die Militärparaden zur Kaiserzeit. Kaum etwas an die ersten Flugversuche. Wenig an die Luftbrücke, als die mutigen Piloten Lebensmittel und Kohle brachten. Am dicksten macht sich das riesige Gebäude, entworfen von Ernst Sagebiel – und das ist ausgerechnet aus der Nazi-Zeit.

man nach den ganzen Museen Auslauf braucht? Man kann … einfach alles. Es ist Platz für alle da. Man kann, was man sonst nirgends kann: einfach mal über den Flughafen spazieren, über die **Rollbahn** 1 skaten, über eine Fläche von 380 Hektar trollen – das entspricht etwa 500 Fußballfeldern …

Durch Gemüsegärten joggen

Spontan den Feldlerchen vom Grillplatz aus zusehen, entspannt den Inline-Skatern aus dem Weg gehen, emphatisch im Kiezgarten am Rande von Neukölln Unkraut zupfen, weltoffen den Rummel tolerieren, der bei Konzerten und Events am westlichen Rand des Feldes stattfindet. Joggen, siebenmal im Kreis – das macht einen Marathon. Eine Runde um das Tempelhofer Feld entspricht sechs Komma zwei Kilometern. Man folge den lila Punkten. Aus Sicht der Jogger halten sich dort skurrile Menschen auf: »Einmal geht es an einer Art **Gemüsegarten** 2 vorbei. Berliner bauen dort in Holzkisten, ausrangierten Badewannen und anderen Gegenständen Salat, Blumen und Möhren an.« Harmlos. Jedoch drohen auch Gefahren: »Man sollte nicht träumen. Radfahrer, Inlineskater und Kiter kreuzen die Strecke und haben ein hohes Tempo drauf.«

Sliden, carven, cruisen mit dem Longboard und Konsorten: Fahrzeuge aller Art kann man am **Eingang Columbiadamm** 3 leihen, in der Nähe dreier Eingänge gibt es Toiletten. Man trifft Familien, Sportler, Biertrinker, Griller, Wandersleute – das Publikum lässt sich nicht in Kategorien fassen. Schwerpunkt 25 bis 40 Jahre.

Paraden, Flieger und das Volk

Der U-Bahnhof heißt **Platz der Luftbrücke** 4. Geschichte in Kürze: Der Templerorden gründet dort um 1200 eine Komturei (Filiale), ab 1722 finden

Militärparaden statt, die Garnison liebt das Exerzieren. Es gibt eine Pferderennbahn, einen Rummel. Der türkische Friedhof wird 1866 angelegt (der erste 1798). 1882 Drei-Kaiser-Parade mit unserm Wilhelm I., Alexander II. von Russland und Franz Joseph von Österreich. Ballons steigen auf, 1909 kommt Graf Zeppelin mit LZ 6, die Wrights zeigen 1909 Flugvorführungen. Ab 1924 entsteht ein erster Flugplatz, 1926 erfolgt die Gründung der Lufthansa. Von 1939 an wird mehrere Jahre lang, aber aufgrund des Kriegs immer langsamer, der neue, heutige Flughafen gebaut. Die Gestapo richtet ein Konzentrationslager ein, ab 1940 kommen Zwangsarbeiter, die Sturzkampfbomber bauen. 1948/49 wird Berlin über die Luftbrücke der Amerikaner und Engländer versorgt, als die Sowjets alle Zufahrtswege nach West-Berlin dicht machen. Deutschen Fluggesellschaften steht THF nicht offen. 1993 übergibt die US Airforce den Flughafen an die Berliner Flughafengesellschaft. 2008 wird er geschlossen, weil BER gebaut werden soll. Berlin wächst, aber das Tempelhofer Feld bleibt frei.

Z ZUKUNFT

Es darf nicht zu viel werden! Auch bei den aktuellsten Volksbefragungen, Magisterarbeiten und Online-Petitionen ist ganz klar: Das Tempelhofer Feld muss sich verändern, aber es darf nichts anders werden, vor allem nicht mehr. ›Punktuelle Maßnahmen‹ – da schrillen die Alarmglocken. Eins ist ganz sicher: Jeder Berliner bezieht eine eindeutige Position. Fragen Sie mal herum. Gemeinschaftsgärten, Sportmöglichkeiten, naja, könnte gehen. Noch mehr Imbisse? Kommerzialisierung! Disneyland!

INFOS/ÖFFNUNGSZEITEN
Tempelhofer Feld: Tempelhofer Damm/Columbiadamm, www.thf-berlin.de, geöffnet je nach Monat/Jah-reszeit: Dez./Jan. 7–17.30, Nov./Febr. 7–18, Juni/Juli 6–22.30 Uhr

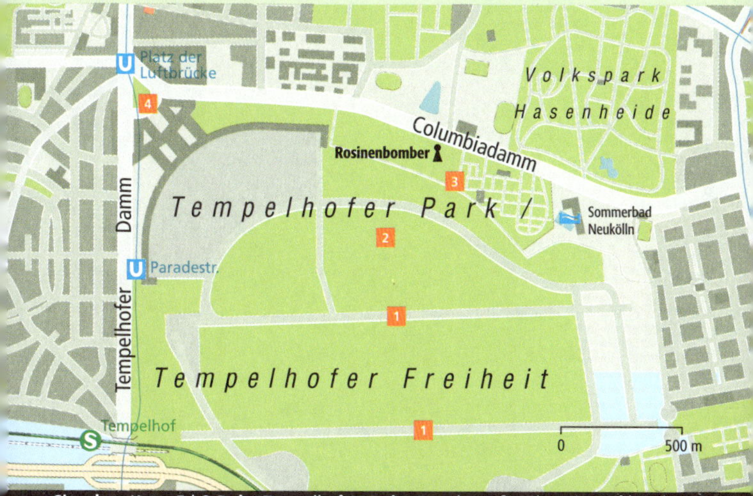

Cityplan: Karte 5 | **S-Bahn** Tempelhof, **U-Bahn** Paradestraße, Platz der Luftbrücke

EINTRITTSKARTEN in eine andere Welt …
Neben der Museumsinsel (▶ S. 26) gibt es in Berlin unglaubliche weitere 180 Museen; hier meine persönlichen Favoriten:

UND JETZT ENTSCHEIDEN SIE!

Museum für Naturkunde
Di–Fr 9.30–18,
Sa/So/Fei 10–18 Uhr
8/5 €, Familie 15 €

○ JA ● NEIN

Hinein in die Genese des Lebens! Umfassende Informationen über die Entstehung des Planeten und der Lebewesen. Brachiosaurus brancai, der größte Museumssaurier der Welt, ist über 13 m hoch. Für Kinder genial.
🗺 G 2, www.naturkundemuseum.berlin

Museum für Gegenwart im Hamburger Bahnhof
Di–So 10–18 (Do bis 20) Uhr
14/7 €

○ JA ● NEIN

Das älteste Bahnhofsgebäude Berlins, Baujahr 1847, zeigt zeitgenössische Kunst seit 1960: Werke von Beuys, Warhol, Kiefer, Rauschenberg, Twombly, Polke und Paik u.a.
🗺 F 2, www.smb.museum/museen-und-einrichtungen/hamburger-bahnhof

Jüdisches Museum
tgl. 10–20 Uhr
8/3 €

○ JA ● NEIN

Die deutsch-jüdische Geschichte von der Römerzeit bis heute. Das mit silbergrauem Zinkblech verkleidete, fast fensterlose Zickzackband des Libeskind-Neubaus symbolisiert die Fragmente eines Davidsterns.
🗺 H 6, www.jmberlin.de

Berlinische Galerie
Mi–Mo 10–18 Uhr
8/5 €

○ JA ● NEIN

Unweit des Jüdischen Museums befindet sich die Berlinische Galerie. Sie zeigt Berliner Kunst von 1870 bis heute: Malerei, Grafik, Skulpturen, Videokunst, Fotografie, Architektur, alles in einem umgebauten Glaslager.
🗺 H 6, www.berlinischegalerie.de

Museum für Fotografie – Helmut-Newton-Stiftung
Di–So 11–19 (Do bis 20 Uhr)
10/5 €

JA   NEIN

Helmut Newtons berühmte Fotosammlung und (im selben Gebäude) das Museum für Fotografie mit Ausstellungssälen und Archivräumen. Anschließend kann man wunderbar zur Monkey Bar im Bikinihaus schlendern.
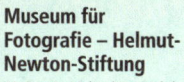 B 5, www.helmut-newton.de

Urban Nation
Di–So 10–18 Uhr
Eintritt frei

JA   NEIN

Schau, was kommt von draußen rein: Street Art als Kunst, das ist kuratierte Anarchie in »einem Museum, das es gar nicht geben dürfte«, so kokettieren die Künstler, die von etwas leben müssen, von denen man oft welche trifft.
 E 7, www.urban-nation.com/de

Martin-Gropius-Bau
Mi–Mo 10–19 Uhr
je nach Ausstellung 9–12/
6–7 €

JA   NEIN

Der 1881 im Stil der Renaissance erbaute Martin-Gropius-Bau gehört nach seiner Restaurierung zu den schönsten Ausstellungshäusern Deutschlands. Herausragende Sonderausstellungen von Ai Weiwei bis David Bowie.
 G 5, www.gropiusbau.de

Deutsches Technikmuseum
Di–Fr 9–17.30,
Sa/So 10–18 Uhr
8/4 €, Mini- und Maxi-Familienkarten

JA   NEIN

Ein Museum zum Anfassen, für jedes Alter spannend: die Entwicklung von Straßen-, Schienen- und Luftverkehr, von Druck- und Daten- sowie Produktions- und Haushaltstechnik. An der Fassade hängt ein Rosinenbomber!
 F/G 7, www.sdtb.de

Futurium
tagsüber und abends
meist kostenlos

JA   NEIN

Wie wollen wir leben? Der Blick in unsere Zukunft wird in einem futuristischem Bau zwischen Hauptbahnhof, Regierungsviertel und Charité seit Frühjahr 2019 möglich gemacht – und jeder soll sich einbringen!
 F 3, www.futurium.de

Berliner Museumslandschaft

Wofür entscheide ich mich? Alte Gemälde, Dinosaurier, Nazis oder ins Schloss? Es gibt rund 200 Museen. Richtig planen leicht gemacht.
1. Humboldt-Box – wie das Schloss wird; 2. Gemäldegalerie – das Schöne; 3. FHXB, Kreuzberg – richtig eintauchen; 4. Museum für Fotografie und c/o Berlin – für die Visuellen; 5. Berlin Story Museum – alles über Berlin.
Menschen, die diese Museen besuchen, schauen sich auch das an: Topographie des Terrors (1 360 000), Gedenkstätte Berliner Mauer (1 050 000), Antikensammlung (995 000), DHM (802 000), Mauermuseum (750 000), Jüdisches Museum (650 000), Neues Museum (632 000), Deutsches Technikmuseum (590 000), DDR-Museum (578 000), Holocaust Ort der Information (470 000), Gedenkstätte Hohenschönhausen (436 000). Überraschend viele – oder?

TIPPS FÜR DEN MUSEUMSBESUCH

Wo gibt es eine Übersicht?
Auf mehr als 175 Museen kann man sich bei **berlin.de/museum** vorbereiten. In der Navigationsleiste sind alle von A bis Z aufgelistet.
Auf **https://museumsportal-berlin.de** trägt man die Nase etwas hoch: Mit »alle Museen« sind nur die dort gelisteten gemeint.
Wie kommen wir preiswert rein?
Museen in Berlin haben zivile Eintrittspreise. Die Sixtinische Kapelle kostet 16 €, der Louvre 18 € und das British Museum 21 €. Im DHM zahlt man nur 8 € für alles, im Berlin Story Museum 6 € einschließlich Audioguide.
Bei 200 Locations wird der Eintritt mit der **Berlin WelcomeCard** günstiger, meist um 25 %. Der Fahrschein für BVG und S-Bahn für 48 Stunden (bis zu 6 Tage) ist gleich mit dabei – ab 19,90 €. Die **WelcomeCard Museumsinsel** gilt für 72 Stunden ÖPNV und die Museen auf der Museumsinsel (ab 45 €)
Für 50 Museen gibt es den **Museumspass Berlin** für 29/14,50 €. Damit kann man diese Museen an drei aufeinander folgenden Tagen besuchen, ohne zusätzlich etwas zu zahlen.

Traumhaft, was sich mit Licht, Fotografie und Videos machen lässt.

Geschichte und Zeitgeschichte in Berlin

 Die jüngere Geschichte Deutschlands ist in Berlin allgegenwärtig. Nazi-Zeit und DDR-Zeit – wir werfen sie nicht in einen Topf – machen den Kern des Interesses aus. Einige der genannten Museen und Gedenkstätten liegen dicht beisammen und sind gut zu Fuß erreichbar.

Überblick
Deutsches Historisches Museum, DHM 🗺 Karte 2, H 3/4
Die umfassendste Ausstellung zur deutschen Geschichte – mit sagenhaften Exponaten – zeigt die gesellschaftlichen Ereignisse und Auseinandersetzungen im sozialen, wirtschaftlichen und geistesgeschichtlichen Zusammenhang. Wenn man das alles sehen will, sollte man mindestens einen halben Tag einplanen. Mehrere parallel laufende Wechselausstellungen zu zentralen Ereignissen der deutschen und europäischen Geschichte sind auf vier Ebenen im neuen Bau des amerikanisch-chinesischen Architekten Pei zu sehen. Viele Führungen täglich, seltene Filme im Zeughauskino, Veranstaltungen im Schlüterhof – manchmal trifft man auch den Außenminister.

Unter den Linden 2, T 30 20 30 40, www.dhm.de, tgl. 10–18 Uhr, 8/4 €, bis 18 J. frei

Alles über Berlin
Berlin Story Museum 🗺 G 6
Zu Beginn des Berlin-Besuchs ansehen. Keine Atempause, Geschichte wird gemacht. Die Ausstellung in einem Bunker aus dem Zweiten Weltkrieg zieht einen roten Faden durch die Berliner Geschichte mit den Schwerpunkten Drittes Reich und Mauer-Zeit. Es stellt die einzige durchgehende Erzählung zu Berlin dar, mit 30 Stationen, Szenenbildern und raumhohen Installationen, mit kurzen Filmsequenzen und Modellen – alles via Audioguide spannend und lebendig innerhalb einer Stunde erzählt. Der 30-Minuten-Film »The Making of Berlin« erzählt, was die Berliner aus ihrer Stadt gemacht haben. »Die Berlin Story ist ein herausragendes Beispiel für Ideenreichtum, für Engagement und nicht zuletzt für das grundlegende Verständnis von Gesellschafts- und Kulturgeschichte. Die Berlin Story ist der Schlüssel zu unserer Stadt« – ausgezeichnet mit dem Innovationspreis »Land der Ideen«.

Schöneberger Str. 23a, T 20 45 46 73, www.BerlinStory.de/Museum, S: Anhalter Bahnhof, U: Mendelssohn-Bartholdy-Platz, tgl. 10–19 (18 Uhr letzter Einlass), 6/4,50 €

Brutalität der Nazis
Topographie des Terrors 🗺 G 5
Eine bewegende Ausstellung auf dem Gelände des ehemaligen Gestapo-Hauptquartiers überwiegend in den freigelegten Gebäuderesten, abends Veranstaltungen.

Niederkirchnerstr. 8, Kreuzberg, T 030 25 45 09 50, www.topographie.de, S: Anhalter Bahnhof, Potsdamer Platz, tgl. 10–20 Uhr, Eintritt frei

Berlins wichtigstes Denkmal
Holocaust-Mahnmal 🗺 Karte 2, G 4
Das Denkmal für die ermordeten Juden Europas und das dazugehörige Informationszentrum dokumentieren in einer Ausstellung die Verfolgung und Vernichtung der europäischen Juden. Die zentrale Holocaust-Gedenkstätte Deutschlands. 1999 beschloss der Bundestag den Bau und 2005 war der Entwurf des New Yorker Architekten Peter Eisenman mit den 2711 wellenförmigen Betonstellen vollendet, den heute jeder in der Welt kennt.

Im Tiergarten – in unmittelbarer Nähe – befinden sich das **Denkmal für die vom Nationalsozialismus verfolgten Homosexuellen,** das **Denkmal für die ermordeten Sinti und Roma** und vor der Philharmonie in der Tiergartenstraße 4 der **Informationsort für die Opfer der nationalsozialistischen ›Euthanasie‹-Morde.**

Deutschland und der Nationalsozialismus
Hitler – wie konnte es geschehen
🕮 Karte 2, G 4

In einem vollständig erhaltenen, 6500 m² großen und fünfstöckigen Nazibunker aus dem Zweiten Weltkrieg, dem ehemaligen Reichsbahnbunker am Anhalter Bahnhof, zeigt auf drei Etagen die weltweit größte Dokumentation zu Hitler und zum Dritten Reich, wie es zur Hitler-Begeisterung kam, wie sich Deutschland radikalisierte und die Nazis die Welt in den Untergang führten – von der Geburt Hitlers bis zur Kapitulation. Mit einem Modell des Führerbunkers und dem Raum in Originalgröße, in dem Hitler Selbstmord beging. Die Medien von Washington Post über BBC bis Haaretz sind voll des Lobes. Der Botschafter Israels: »Ich war tief beeindruckt und bewegt. So sollte der Kampf gegen Antisemitismus, Rassismus und Fremdenfeindlichkeit aussehen.« Die Dokumentation »Hitler – wie konnte es geschehen« ist riesig, planen Sie für Ihren Besuch 2–4 Std. ein. Der Audioguide ist sehr zu empfehlen.
Schöneberger Str. 23a, T 030 26 55 55 46, www. BerlinStory.de, S: Anhalter Bahnhof, U: Mendelssohn-Bartholdy-Platz, tgl. 10–19 (18 Uhr letzter Einlass), 12/9 €, ermäßigt mit diesem Buch

Ausbildungs-Konzentrationslager
KZ-Sachsenhausen
🕮 nordwestl. Karte 5

In der Gedenkstätte sieht man originale Lagergebäude, Gebäudereste und die Dauerausstellung. 1936 errichtet war es anfangs ein Modell- und Schulungslager für die SS, dann ab 1938 Verwaltungszentrale für alle KZ im deutschen Machtbereich. Durch Hunger, Krankheit, Zwangsarbeit und Misshandlungen

kamen Zehntausende um. Nach 1945 sowjetisches Lager.
Straße der Nationen 22, T 03301 20 02 00, www.gedenkstaette-sachsenhausen.de, S: Oranienburg (plus 20 Min. Fußweg), Di–So 8.30–18, Winter bis 16.30 Uhr, Eintritt frei

Helden der Geschichte
Gedenkstätte Deutscher Widerstand 🕮 E 5

Claus Schenk Graf von Stauffenberg wurde am 21. Juli 1944 im Hof des Bendlerblocks in Berlin standrechtlich erschossen. Die Nazis richteten 200 Menschen wegen der Erhebung gegen Hitler und den Nationalsozialismus hin oder trieben sie in den Tod: Generäle, Botschafter, Minister, Staatssekretäre, den Chef der Reichskriminalpolizei und Regierungspräsidenten.
Angela Merkel: Es ist unerlässlich, dass »junge Menschen lernen, welches Leid von Deutschland ausging, dass sie verstehen, wie es dazu kommen konnte«.
Der Film zum Stauffenberg-Attentat, »Operation Walküre« mit Tom Cruise, wurde am Originalschauplatz gedreht. Die Ausstellung zeigt, wie sich einzelne Menschen und Gruppen gegen den Nationalsozialismus gewehrt haben.
Stauffenbergstr. 13–14, Tiergarten, T 030 26 99 50 00, www.gdw-berlin.de, U: Potsdamer Platz, Bus: M29, 200, Mo–Mi, Fr 9–18, Do 9–20, Sa/So 10–18 Uhr, Eintritt frei, Führungen (ab zehn Pers., mit Anmeldung), So 15 Uhr öffentliche Führung

Widerstand ist möglich
Museum Blindenwerkstatt Otto Weidt 🕮 J 2

Nicht alle haben sich den Nazis unterworfen. Otto Weidt rettete blinde und gehörlose Juden, bestach die SS-Mörder mit Schnaps und Dessous. Der Besuch dieses kleinen Museums lässt erahnen, was ein Einzelner ausrichten kann.
Rosenthaler Str. 39 im Hof, Mitte, T 030 28 50 04 07, www.museum-blindenwerkstatt.de, S: Hackescher Markt, U: Weinmeisterstraße, tgl. 10–20 Uhr, Eintritt frei

Kalter Krieg
Checkpoint Charlie 🕮 H 5

Informativ, umsonst und draußen ist die Open Air-Ausstellung mit Text-Bild-Tafeln.

In der Black Box geht es um den Kalten Krieg, der durch Filme, große Fotos und Grafiken illustriert wird. Das 15 m hohe Mauer-Panorama von Yadegar Asisi zeigt den Blick aus der Vogelperspektive von Kreuzberg aus in den Osten in den 1980ern – gemalt, doch lebendiger als ein Foto. Am ehemaligen Grenzübergang der Alliierten wird im Mauermuseum die Geschichte der Teilung, der Fluchten und der Wiedervereinigung dokumentiert. Vor dem Museum steht eine Nachbildung des ersten Wachthauses am Kontrollpunkt.
www.mauermuseum.com, tgl. 9–22 Uhr, 12,50/9,50 €. Black Box (www.bfgg.de, tgl. 10–18 Uhr, 5/3,50 €), Mauer-Panorama (www. asisi.de, tgl. 10–20 Uhr, 10/8 €)

Wo Menschen aus Fenstern sprangen
Mauergedenkstätte ▥ H 1
Es gibt keinen Ort in Berlin, der das Grauen der Mauer wirklich vorstellbar macht. Die Mauergedenkstätte kommt dem immerhin recht nahe. Eigentlich versteht man erst anhand der Fotos und Filme im Doku-Zentrum, was die Mauer für die Menschen bedeutete, dass der Freiheitswille stärker war als jede Gefahr. Während die Nazis sich über lange Zeit der Sympathie eines erheblichen Teils der Bevölkerung erfreuen konnten, gewann die Führung der sozialistischen DDR nie die Herzen und die Gefolgschaft der Bevölkerungsmehrheit.
Bernauer Str. 111, U: Bernauer Straße, Di–So 10–18 Uhr

Wichtigster Ort des Unrechtsregimes
Stasi-Gefängnis Hohenschönhausen ▥ Karte 5
»Es war ja nicht alles schlecht.« Ja, wenn man die Klappe gehalten und sich arrangiert hat, so wie in jeder Diktatur. Hohenschönhausen bietet einen grausam-authentischen Einblick in die Arbeitsweise der Staatssicherheit der DDR. Dort befand sich die Zentralstelle kommunistischer Repression in Ostdeutschland, das Untersuchungsgefängnis der Stasi. Wenn man an einer Führung teilnehmen kann, sollte man diese Chance nutzen.
Genslerstr. 66, Hohenschönhausen, T 030 98 60 82 30, www.stiftung-hsh.de, Bus: 256, Tram:

21, M5, M8, Dauerausstellung tgl. 10–18 Uhr, Eintritt frei, Führungen: Mo–Fr stdl. 11–15, Sa/So stdl. 10–16 Uhr, 5/2,50 €

Überwachen nützt nichts
Stasi-Museum Normannen-straße ▥ Karte 5
Widerlich. Was für Ekel-Typen, diese ganzen Spitzel. Und andererseits: Die Überwachung des Volkes konnte nicht verhindern, dass der Staat den Bach runtergeht, als das Volk nicht mehr wollte und die oben nicht mehr konnten. In der ehemaligen Zentrale der Stasi besucht man die Büroräume des Chefs Erich Mielke; dazu gibt es Einblicke in die Observierungstechnik, Berichte der Opfer und eine Dokumentation des Widerstands in der DDR. Am 15. Januar 1990 erstürmten Demonstranten die Stasi-Zentrale.
Ruschestr. 103, Lichtenberg, T 030 553 68 54, www.stasimuseum.de, U: Magdalenenstraße, Bus: 240, Mo–Fr 10–18, Sa/So 12–18 Uhr, 5/4 €

Demokratische Erneuerung
Alliierten-Museum ▥ Karte 5
Hier wird gezeigt, wie aus erbitterten Feinden Freunde wurden. Wie die Sieger dem unterlegenen Volk beim Aufbau halfen. Die erstaunliche Beziehung der Westmächte zur Bundesrepublik. Blockade, Luftbrücke, Mauer, das Kräftemessen in der Hauptstadt der Spione. Highlights sind das echte Wachhäuschen vom Checkpoint Charlie, eine Hastings (Rosinenbomber), CIA-Satellitenaufnahmen sowjetischer und ostdeutscher Militärbasen 1956 und ein Spione-Abhörtunnel.
Clayallee 135/Hüttenweg, Dahlem, T 030 818 19 90, www.alliiertenmuseum.de, U3: Oskar-Helene-Heim, Di–So 10–18 Uhr, Eintritt frei

Buntes Sammelsurium
DDR-Museum ▥ Karte 2, J 3
Kleines, erfolgreiches Privatmuseum, das den DDR-Alltag zeigt: Wirtschaft, Staat, NVA und Ideologie. Gut erschließt sich einem die Alltagsgeschichte, wenn man an einer Führung teilnimmt.
Karl-Liebknecht-Str. 1, Mitte, T 030 847 12 37 31, www.ddr-museum.de, S: Hackescher Markt, Bus: 100, 200, tgl. 10–20, Sa bis 22 Uhr, 9,80/6 €

Pause. Einfach mal abschalten

Schon beim Anflug merkt man ja, dass hier alles grün ist (= Biergarten, Gartencafé) und viel Wasser strömt (= Strandcafé) – Raum zum Chillen. Und es sind ja nicht alles Touristen, die in den Parks, Cafés und Biergärten herumhängen. Ethnographische Studien zu den Einheimischen bieten sich an.

Mein täglicher Meditationsort
Neustädtischer Kirchpark
📖 Karte 2, G 3/4
Selbst in der Mitte Berlins gibt es absolut ruhige Orte. Mein Lieblingsplatz: der Neustädtische Kirchpark. In der Mittelstraße bei Ishin zu Mensapreisen Sushi holen und dann mit einer Luxus-Immobilie im Rücken, die auch noch Lux heißt, Richtung ehemalige amerikanische Botschaft gucken. Das Gebäude steht leer – eine Vorhaltefläche des Bundes, falls sich doch noch ein Ministerium von Bonn nach Berlin locken lässt. Auf der Spree-Seite ist das Bundespresseamt, auf der Linden-Seite tummeln sich Bundestagsmenschen. Die Parkbänke sind so leer, dass man dort auch mal ein Nickerchen machen kann.
Neustädtische Kirchstr./Ecke Mittelstr., Mitte, S/U: Brandenburger Tor

Paradiesische Gärten
Gärten der Welt in Berlin 📖 Karte 5
Ein Garten steht in allen Kulturen der Welt für Frieden, Schönheit, Wohlstand

Hoch oben auf dem Teufelsberg

und Glück. Die Gärten der Welt sind wohl die schönste Idylle der Stadt – und das absolute Kontrastprogramm zum Tempelhofer Feld. Ob orientalisch, chinesisch, japanisch, koreanisch, balinesisch oder europäisch, die Themengärten dieser außergewöhnlichen Parkanlage ergeben ein wundervolles Gesamtkunstwerk. Für die Internationale Gartenausstellung Berlin 2017 (von April bis Oktober) wurde die Fläche verdoppelt. Neue, in sich geschlossene Gartenkabinette zeigen Gartenkultur aus Australien, Brasilien, Chile, China, Südafrika und Thailand. Mit der Seilbahn erlebt man die Parks aus der Vogelperspektive.
Gärten der Welt in Berlin, Eisenacher Str. 99, S7 Marzahn/Bus 195 oder U5 Cottbusser Platz/Bus 195, tgl. 9–18.30, im Winter bis 16 Uhr, 7/3 €, Kinder (6–14 J.) 1,50 €

Bibliothek der Volksvertreter
Marie-Elisabeth-Lüders-Haus
📖 Karte 2, G 3
Will man beobachten, wer alles von unseren Steuergeldern lebt, hängt man am besten auf der riesig hohen, wellenförmigen Freitreppe des Marie-Elisabeth-Lüders-Hauses ab, direkt an der Spree, mit Blick auf das Reichstagspräsidentenpalais, den Reichstag und die Ausflugsboote. Im Rücken hat man die Bundestagsbibliothek.
An der Spree/Marschallbrücke, Mitte, U: Bundestag

Chillen im Knast
Geschichtspark Zellengefängnis
📖 E/F 2
Im Geschichtspark, direkt nördlich vom Hauptbahnhof, ist es wundersam ruhig.

Das war der erste Reformknast Preußens – Innovation war die Einzelzelle. Es gehe den Knastis besser als vielen in den Mietskasernen, meckerten die Berliner damals. Der Park ist von einer Mauer umgeben, aber es gibt ein Tor.

Lehrter Str. 5B, Mitte, S/U/Bus: Hauptbahnhof, tgl. bis 21, im Winter bis 18 Uhr

Regenerations-Oase
Vabali Spa 📖 E 2
Wenige Schritte weiter kann man am Hauptbahnhof nackt baden. So ist das nun mal in einer Sauna. Das Vabali hat neun davon. Ist man richtig hinüber, baut ein Tag im Vabali in der großzügigen, grünen Bade- und Massagelandschaft zwischen vielen alten Bäumen wieder auf. Kategorie Gold Card.

Seydlitzstr. 6, www.vabali.de, S+U Hauptbahnhof, tgl. 9–24 Uhr, 2 Stunden ab 21,50 €

Anmut und Schönheit
Musikerdenkmal und Königin Luise 📖 F 4 und E 5
Im Tiergarten sitze ich gern am Musikerdenkmal. Man kann dort einfach das Rad ins Gras legen und das Picknick auspacken. Oder – der absolute Höhepunkt im Tiergarten – zur Königin Luise-Insel gehen, die immer gepflegt und blühend wirkt wie Luise selbst. Luise, ihre Schwester Friederike, der Einzug in der Kutsche durchs Brandenburger Tor, die Doppelhochzeit mit den Prinzen – Berlin kamen die Tränen bei so viel Anmut und Schönheit.

Mitten im Tiergarten

Urbanes Grün
Park am Gleisdreieck 📖 F/G 7
Wir können Parks auch heute. Riesig. Unbebaut. Der Park ist eine städtebauliche Sehenswürdigkeit. So was von gelungen. Dort befanden sich früher die riesigen Güterbahnhöfe vom Potsdamer und Anhalter Bahnhof, damals der größte des Kontinents. Meine Großmutter erntete morgens in Schmalkalden Obst, via Anhalter-Bahn kam es nach Berlin auf dem Expressgutgleis, nachmittags wurde es in Neukölln bei ihrer Schwester Alma ausgeliefert. Von wegen »Amazon Same-Day Delivery« – hatten wir schon zur Kaiserzeit. Damals waren die Stadtplaner in Berlin durchsetzungsfähig und konsequent. Immer wieder wurde ein Häuserblock nicht gebaut, und es entstand ein Park inmitten der Mietskasernen.

versch. Eingänge rund um das Gleisdreieck, Kreuzberg/Schöneberg, U: Gleisdreieck

Sphärisch schweben
Liquidrom 📖 G 6
Mehr für Paare jeglichen Geschlechts, aber dann ziemlich nett. Bei sphärischer Musik, klassisch und elektronisch, schwebt man unter einem Betongewölbe in warmem Salzwasser mit Mondschein. Finnische Sauna. Gehört zum Tempodrom-Gebäudekomplex.

Möckernstr. 10, www.liquidrom-berlin.de, tgl. 9–24 Uhr, 2 Std. 19,50 €

Ehrenamtlich schweigen
Raum der Stille 📖 Karte 2, G 4
Einfache Sitzplätze bietet der Raum der Stille im Brandenburger Tor (Nordflügel, Reichstag-Seite) 30 Quadratmeter konfessionsfreier und ideologiefreier Raum – einfach nur ein Ruheplatz mitten in der Stadt. Ehrenamtliche kümmern sich darum, 80 wechseln sich dabei ab.

Im Brandenburger Tor, nördl. Torgebäude

Unter Rosen-Pergolen
Savignyplatz 📖 A/B 5
Im Westen in der Nähe des Kudamms ist die Zeit am Savignyplatz stehengeblieben, so ein Upgrade der 1970er-Jahre.

Savignyplatz, beiderseits der Kantstraße

Abhörstation im Kalten Krieg
Teufelsberg 📖 Karte 5
Auf dem Teufelsberg (westl. A 4) ist man der Stadt ganz entrückt. Oben (ganz schön hoch zu Fuß!) befinden sich im Wald die ehemaligen amerikanischen Abhörkugeln, die ›Radome‹ – wie heute auch der amerikanischen und der britischen Botschaft im deutschen Regierungsviertel. Ich sage jetzt nichts zu Angela Merkels Handy.

Teufelsseechaussee 10, Charlottenburg/Grunewald, Bus: Flatowallee, Mo–So 10–21 Uhr

ZUM SELBST ENTDECKEN

Hotels selbst entdecken?
Bisschen schwierig. Als
Journalist kann man
das. »Ich möchte mal
ein Zimmer sehen« –
und schon kommt man
in die coolsten Suiten
mit Onyx-Lichtwänden,
eigenem Massagetisch,
Sicherheitszugang und
Blick über die ganze
Stadt.
Für EasyJet-, RyanAir-
oder Wizz-Touristen gibt
es aber die schicken
Cafés in den Hotels. Im
Adlon, Westin Grand, Ho-
tel de Rome, im Mariott,
Kempi, Waldorf Astoria
oder InterContinental.
Das kostet nicht ganz
so viel wie der Flug und
man ist mittenmang in
der Aura der Stars.

Die Zimmer sind
zu billig...

**... das meinen jedenfalls die Hoteliers. Weil schnel-
ler neue Hotels entstehen als sich die Rekorde
der Übernachtungszahlen auftürmen, bleiben die
Preise noch längere Zeit unten. Bei VisitBerlin.de
findet man eine anschauliche Übersicht.**
Szene, Messe oder Kultur? Eigentlich egal, weil
man schnell und immer überall hinkommt. »Wir
bringen Dich nach Hause, auch wenn Mutti
nicht kommt«, wirbt die BVG. Klar, wenn man
zur Messe will, sollte man im Westen bleiben
und wenn man abends lieber zu Fuß ins Hotel
torkelt, sind Kreuzberg oder Friedrichshain angesagt.

Ferienwohnungen sind eine coole Idee:
mittendrin leben wie die Einheimischen und
noch dazu preiswerter als im Hotel. Ein echtes
Schnäppchen. Könnte da vielleicht etwas faul
sein? Vielleicht wie bei den billigen T-Shirts?
Airbnb – mach doch! Aber erzähl dann nichts
von sozial und ökologisch. Das Unternehmen ist
25 Mrd. Dollar wert, knapp die Hälfte der Ange-
bote stammt von Profivermietern, die Vermieter
zahlen keine City Tax wie die Hotels und vor allem: Wohnraum wird den angesagten Vierteln
in spürbarer Menge entzogen, die Gentrifizie-
rung dadurch knallhart vorangetrieben. Echte
Privatzimmer sind allerdings eine beachtenswer-
te Alternative dazu.

Luise Kunsthotel: Wie soll Mann denn da einschlafen?

City West
25hours Hotel Bikini Berlin 🏠 C 5
Mit Blick direkt in den Zoologischen
Garten. Die moderne, bunte, zwanglose
Ausstattung und sogar die Lage sind
absolut spitze. Mehr ›mittendrin im
Westen‹ geht nicht: mit der Gedächt-
niskirche auf der einen Seite und Blick
in den Zoo auf der anderen Seite.
Restaurant mit Panoramablick und
Monkey-Bar – alles sehr angenehm.
Budapester Str. 40, Tiergarten/Charlottenburg,
T 030 120 22 10, 25hours-hotels.com, U/S: Bhf.
Zoo, 149 Zimmer, ab 100 €

Ausgezeichnet
East Seven 🏠 K 1
Seit Gründung immer unter den 10
besten Hostels Deutschlands. Relaxt, mit
großem Garten, großzügiger Selbstversorgerküche und pingelig sauberen
Bädern. Nur wenige Schritte von Kastanienallee und Kollwitzplatz entfernt.
Schwedter Str. 7, Prenzlauer Berg, T 030 93 62
22 40, www.eastseven.de, U: Senefelder Platz,
60 Betten, 6 Einzel-, 12 Doppel-, 6 Mehrbettzimmer für 17, 25, 37 €, im Winter günstiger

Erste Sahne
Jetpak City Hostel 🏠 B 7
In Traveller-Foren zählt dieses zu den
besten, saubersten und freundlichsten
Hostels weltweit. Das wundert einen
nicht, wenn man sich dieses familiäre
und helle Haus ansieht. Zudem haben
alle Zimmer WLAN, die Internetnutzung
ist kostenlos.
Pariser Str. 58, Charlottenburg, T 030 784
43 60, www.jetpak.de, U: Spichernstraße,
3-/4-/6-/8-Bettzimmer für 30, 22, 20,18 €

Hostel-Klassiker
Mitte's Baxpax Hostel 🏠 G 1
Ante Zelck hat sich immer gefragt,
warum Jugendherbergen so ungastlich
sind. Schon seit Mitte der 1990er-Jahre
betreibt er wohl als Erster in Berlin, lange bevor sich diese Übernachtungsart in
Deutschland durchsetzte, ein Hostel mit
100 Betten, das auf die Bedürfnisse von
jungen Rucksacktouristen eingestellt ist,
inklusive szenespezifischem Beratungs-
service. Radverleih (den Stadtplan

gibt's gratis), Internetzugang, Café und
Selbstversorgerküche.
Chausseestr. 102, Mitte, T 030 28 39 09 65,
www.baxpax.de, U: Zinnowitzer Straße, hinterer
Ausgang, S: Nordbahnhof, 15 € (Mehrbettzimmer)
bis 56 € (2-Bett-Zimmer), EZ um 30 €

Spektakuläre Aussicht
Abion Villa 🏠 D 3
Direkt an der Spree und mit dem
Innenministerium im Rücken, also ein
gut abgeschirmtes Hotel. Am Bootssteg
kann man mit der hoteleigenen Yacht
ablegen. Einst war das die Adresse von
Bolle, dem Unternehmer, der Berlin mit
frischer Milch versorgte. Geschmack-
volles Design und edle Holztöne prägen
die Zimmer.
Alt-Moabit 99, Mitte, T 030 39 92 03 99, www.
abion-villa.de, U: Turmstraße, Zimmer und Suiten
80–215 €, Frühstück ab 19 €

Originell
Arte Luise Kunsthotel 🏠 Karte 2, G 3
Vis-à-vis vom Reichstagsgebäude
befindet sich das Hotel in einem klassizistischen Baudenkmal von 1825, das
mit dem Nachbarhaus, dem Bülowschen
Palais und ehemaligen Künstlerclub
Die Möwe, ein Ensemble bildet. Neben
günstigen Zimmern in der Mansarde
gibt es herrschaftliche, aber dennoch
preisgünstige Räume. Jedes Zimmer
wurde von einem Künstler gestaltet,
der Raum ›Chez rose‹ zum Beispiel von
Sabine Hartung: in Grün gehalten, mit
gelbem Rosengemälde über dem Bett,
Rosenseife und Rosenliteratur. Zimmer
zur Bahntrasse können etwas laut sein.
Luisenstr. 19, Mitte, T 030 284 48-0, www.
luise-berlin.com, U: Pariser Platz, S/U: Brandenburger Tor, DZ 89–210 €

Historischer Charme
Honigmond 🏠 H 2
Im Gründerzeithaus von 1895 wohnt
man gediegen mit Dielenboden unter
Stuckdecken, mit großen Gemälden
in einem Privathotel, das in der Nähe
des Naturkundemuseums liegt. Es ist
Kaffeehaus, Restaurant – schon seit
1920 – und Hotel unter einem Dach,
mit einem wundervollen Garten.

In fremden Betten

Tieckstr. 11, Mitte, T 030 28 44 55-0, www.
honigmond.de, U6: Naturkundemuseum, Oranienburger Tor, DZ ab 130 €

Im Stil der Gründerzeit
Hansablick 🏠 C 4

Hotelbesitzer Karl J. Brugger ist Kunst-
liebhaber. In der Lounge finden sich
Werke von Uecker, Christo, Beuys und
Lüpertz – dennoch bleiben die Preise
der Zimmer mit Parkettboden, Stuck und
Kachelelementen der ursprünglichen
Ausstattung zivil bei unter 100 €. An
dieser Straßenecke in Tiergarten ist es
auffällig ruhig. Joggen kann man bis
zum Schloss Charlottenburg. Das Hotel
liegt im Grünen, direkt an der Spree. In
diesem typischen Berliner Wohnhaus
sind die Zimmer individuell eingerichtet.
An der Rezeption wartet Peter Prinz,
ruhig, extrem höflich, hilfsbereit. Er
verkörpert den Charme der Jahrhun-
dertwende.

Flotowstr. 6, Tiergarten, T 030 390 48 00,
www.hansablick.de, U: Hansaplatz, DZ ab 75 €

Ein Bett auf der Spree
**Eastern Comfort an der Oberbaum-
brücke** 🏠 östl. M 5

Das Hostel-Schiff liegt auf der Spree
nahe der Oberbaumbrücke auf
Friedrichshainer Seite an der East
Side Gallery. Direkt daneben liegt das
Schwesterschiff Western Comfort.
Edgar Schmidt von Groeling, der Cap-
tain des Hostel-Schiffes, ist gelernter
Tischler und studierter Architekt. Er hat
an Bord so ziemlich alles selbst gebaut,
auch den Kamin, der den Party-Gästen
der Floating-Lounge zur kalten Jahreszeit Wärme spendet. Unkompliziert,
sauber, sehr freundliches Personal.

Mühlenstr. 73, Friedrichshain-Kreuzberg, www.
eastern-comfort.com, Dorms (4–5 Pers.) und 2-/
3- und 4-Bett mit Bad/WC. Dorm ab 16,50, DZ
68, großes Zimmer mit Wasserblick 72,50 €

Jugendherberge Kreuzberg
Three Little Pigs Hostel 🏠 G 6

In einem ehemaligen Nonnenkloster
übernachtet man in absolut ruhiger
Lage und sieht aus den funktional, aber
angenehm ausgestatteten Zimmern

meist auf die gepflegte Hofanlage. Mitten auf der Stresemannstraße steht ein
komisches Stück Mauer. Das war die
Akzisemauer: die Zollmauer, die erste
Mauer um Berlin, die 1737 aus Holz errichtet und später aus massivem Stein
auf vier Meter erhöht wurde, damit die
Soldaten nicht einfach türmen konnten.
Bahnhöfe wie der Anhalter Bahnhof
wurden direkt vor der Akzisemauer
angelegt.

Stresemannstr. 66, Kreuzberg, Am Anhalter
Bahnhof, T 030 26 39 58 80, www.three-little-
pigs.de, 2-Bett-Zimmer ab 22 €, 8-Bett-Zimmer
ab 13 €, DZ mit Bad 62 €

Ho(s)tel an der Warschauer Brücke
Plus 🏠 östl. M 5

Hier läuft immer eine Kunst-Ausstel-
lung, die Mitarbeiter sind polyglott,
freundlich, großzügig. Es gibt gratis
Yoga-Stunden an jedem Donnerstag
von 9 bis 10 Uhr. Schwimmbad und
Sauna sind kostenfrei. Zu Fuß ist man
in wenigen Minuten an der East Side
Gallery und auf der anderen Seite im
RAW, dem Erlebnispark mit Kultur,
Kneipen und Kletterturm. Von der
Warschauer aus fahren die S-Bahnen
fast im Minutentakt. Die Szenelage
bedingt Szenepublikum, nicht immer
ganz leise.

Warschauer Platz 6–8, Friedrichshain-Kreuzberg,
T 030 311 69 88 20, www.plushostels.com, DZ
ab 80 €, Frühstück *all-you-can-eat* von 7 bis 11
Uhr für 7 €

Pennen für Anfänger
Easy Lodges Berlin 🏠 südl. L 8

Mitten in der Stadt und dennoch im
Grünen? Dann könnten die Easy Lodges
Berlin in der Nähe des Tempelhofer Felds der richtige Ort sein. Man
übernachtet in gemütlichen Hütten
mit bodentiefen Fenstern, die mit dem
Nötigsten ausgestattet sind: mit einem
Bett, einer Lampe, Kleiderhaken sowie
einem Spiegel. Die sanitären Anlagen
befinden sich im Hauptheus, wo auch
das Frühstück serviert wird.

Easy Lodges Columbia, Columbiadamm 160,
T 030 68 05 03 41, www.easy-lodges.de, U:
Boddinstraße, DZ ab 49 €

Der Aufzug in der Hotel-Pension Funk

Evangelisch gebettet
Albrechtshof 🏠 Karte 2, G 3

Die Rendite des 1913 eröffneten Hotels sollte nach dem Willen der Gründer die missionarische und karitative Arbeit der Stadtmission finanzieren helfen, getreu dem Motto: Wohlstand hilft Wohlfahrt. Geschäftsleute, aber vor allem durchreisende Familien und allein reisende Frauen suchten es gern auf. Während der Hitlerzeit fanden dort Treffen des Reichsbruderrates der illegalen Bekennenden Kirchen statt. Während der SED-Herrschaft war es, unmittelbar am Bahnhof Friedrichstraße gelegen, der Treffpunkt unzähliger Familien, die durch die deutsche Teilung getrennt waren.

Zahlreiche gesamtdeutsche und internationale Kirchentagungen fanden dort statt, und die Ost-West Zusammenarbeit der evangelischen Kirche lief über das Hotel Albrechtshof – eine Art neutrale Zone. Prominentester Besucher war Martin Luther King, der amerikanische Baptistenprediger und Bürgerrechtler.

Albrechtstr. 8, Mitte, T 030 30 88 60, www.hotel-albrechtshof.de, DZ ab 95 €

Jeder soll hier selig werden
Dietrich-Bonhoeffer-Haus
🏠 Karte 2, H 3

In diesem Haus direkt neben dem Friedrichstadtpalast fand der erste Runde Tisch statt. Es ging darum, wie es in der zerfallenden DDR weitergehen sollte. Der Namensgeber Dietrich Bonhoeffer war Wiederstandkämpfer gegen den Nationalsozialismus, evangelisch-lutherischer Theologe und profilierter Vertreter der Bekennenden Kirche. Heute ist es ein Hotel mit kirchlicher Ausrichtung sowie mit Tagungsmöglichkeiten und hervorragender Küche. Im Hotelrestaurant genießt man biologische, regionale Frischeküche, fair gehandelten Kaffee oder Tee und Kuchen in Bio-Qualität. Die Zimmer sind klassisch in schönem Holz eingerichtet, und die modernen Boxspringbetten sind richtig gut.

Ziegelstr. 30, Mitte, T 030 284 67-0, www.hotel-dietrich-bonhoeffer.de, DZ ab 109 € inkl. Frühstück, Kinder bis 12 Jahre 25 €

Die beste Seite des Bürgertums
Hotel Pension Funk 🏠 B 6

Alle 14 Zimmer der ehemaligen Wohnung des Stummfilmstars Asta Nielsen sind individuell ausgestattet im Originalinterieur des Jugendstils oder der Belle Époque. Die dänische Stummfilmdiva lebte bis 1937 in der Hauptstadt des Kaiserreichs, bevor sie zurück in die dänische Heimat flüchtete. Die Einrichtung, die Betten, die Schränke, die Kronleuchter an den vier Meter hohen Decken sowie die rotsamtene Recamière am Eingang des Frühstückssalons sorgen für charmantes Ambiente gegenüber des Berliner Literaturhauses in der Fasanenstraße.

Michael Pfundt führt die Pension seit mehr als zwanzig Jahren Er konnte vieles vom Originalinterieur der auf der Beletage gelegenen Stadtwohnung erhalten. Andere Möbel aus Jugendstil, Gründerzeit oder Neo-Chippendale wurden ergänzt.

Fasanenstr. 69, T 030 882 71 93, www.hotel-pensionfunk.de, DZ (Dusche, WC) ab 82 €, inkl. Frühstück

Mehr Curry als Wurst …

Man weiß es von der Politik, vom Flughafenbau oder in Punkto Integration von Menschen aus aller Welt: Berlin ein großes, lebendiges Experimentierfeld.

Auch in der Gastronomie wird ständig Neues ausprobiert. Berlin setzt Trends wie Streetfood, Suppenküchen, alternative Essenskonzepte à la Markthalle Neun, private Verköstigung in Wohnzimmern, Gastronomie-Clubs … Eine Vielfalt hochprofessioneller, individueller, unbefangener und alternativer Küchen kennzeichnet den metropolitanen Reichtum der Berliner Gastro-Landschaft.

»Mehr Curry als Wurst« steht für einen aktuellen Trend beim Essen: mehr vegetarische und vegane Speisen, höhere Nachfrage nach Bio und nachhaltigen oder lokalen Produkten aus dem Umland. Und natürlich auch für die reichhaltige Gastronomie aus aller Welt, die mit den Immigranten nach Berlin kam. Daneben behauptet sich die bodenständige heimische Küche, die in jeder original Berliner Kneipe zu bekommen ist, ganz gut.

Im Trend der Zeit liegen auch jene gehobenen Restaurants, die eine gute, häufig regional geprägte Küche zu einem besonders günstigen Preis-Leistung-Verhältnis anbieten und damit sehr bewusst kulinarische Genüsse auch für kleinere Budgets ermöglichen. Wenn es darauf nicht ankommt, ist der Besuch bei einem der 13 mit Sternen dekorierten Köche die ultimative Option.

ZUM SELBST ENTDECKEN

City West: Rund um den Savignyplatz liegt das traditionelle West-Berliner Ausgehviertel mit vielen Restaurants, auch in der Carmer- und Knesebeckstraße. In den Lokalen um den Winterfeldtplatz in Schöneberg empfiehlt sich abends eine Tour durch indische und arabische Imbissläden.

Kreuzberg: Am Kottbusser und Schlesischen Tor konzentrieren sich türkische Restaurants – und inzwischen auch indische. Die Cafés am Paul-Lincke-Ufer bilden den Übergang zum etablierteren Kreuzberg. Dort trifft sich die akademische Welt in der Yorck-, Bergmann-, Kreuzberg- und Großbeerenstraße, vom Mehringdamm bis zum Marheinekeplatz.

Osten, Prenzlauer Berg: am Kollwitzplatz und auch in der Husemann- und Sredzkistraße sowie am Helmholtzplatz.

Koreanische Küche ist momentan angesagt.

SO BEGINNT EIN GUTER TAG IN BERLIN

Dichter & Schlemmer
Café im Literaturhaus 🍴 B 6
Eines der schönsten Berliner Cafés. Mit
Blick auf die Gründerzeithäuser drum-
herum sitzt man im Garten oder Win-
tergarten und isst am Springbrunnen
einen Salat. Warme Kleinigkeiten gibt es
bis Mitternacht, das Fleisch kommt aus
Freilandhaltung, und die vegetarischen
Gerichte sind delikat.
Fasanenstr. 23, T 030 882 54 14, www.literatur
haus-berlin.de, U: Uhlandstraße, tgl. 9–24 Uhr

Bester Teeladen Berlins
King's Teagarden 🍴 westl. A 6
Nur mit dem richtigen Tee wird man rich-
tig wach. Dort erklärt Ihnen Werner F. J.
Schmidt, warum er gegen ›Teeapartheid‹
ist. Alle Teesorten der Teepflanzen sollen
gleich behandelt werden, die Weißen, die
Grünen, die Halbfermentierten und die
Schwarzen. Sie alle haben das Recht auf
frisches Wasser aus der Leitung. Schmidt
hält trotz der horrenden Mieten am
Ku'damm seit 1980 durch, und das mit
Tee! Ich bewundere ihn. Er steht selbst
fast immer im Laden, ist der absolute
Experte, immer freundlich und darüber
hinaus in der Stadt aktiv. Wer es nicht
in den Laden schafft, sollte auf seiner
Homepage bestellen.
Kurfürstendamm 66, T 030 883 70 59, www.
kingsteagarden.de, Mo–Sa 10–19 Uhr

Heidi & Peter
Nola's am Weinberg 🍴 J 1
Wie auf einer Terrasse hoch in den
Schweizer Alpen frühstückt man hier
Käseplatte oder Bircher-Müsli, abends
isst man dann auch Fondue oder mit
Honig und Thymian gratinierten Ziegen-
käse. Schließen könnte man mit »Wiis
Chäs Mousse«, einer Quarkmousse mit
Zitrone, Amaretto, Kirschwasser, serviert
mit Rhabarberkompott. Am Sonntag
genießen gern die jungen Familien aus
der Nachbarschaft das Frühstücksbuffet
wie auf der Alb.
Veteranenstr. 9, Mitte, T 030 44 04 07 66, www.
nola.de, U8: Rosenthaler Platz, tgl. 10–1 Uhr

Café im Literaturhaus: der Fluchtort am Ku'damm

WO ESSEN AUF NACHHALTIGKEIT TRIFFT

Vegan-vegetarisch im Westen
Toki – The White Rabbit 🍴 A 5
Clean eating, das will man ja unbedingt,
vielleicht besser noch den Komparativ
happy food. Der vietnamesische Koch
The Duc Ngo geht in Richtung *raw food,*
so natürlich wie möglich, immer am
Hasen orientiert, der sich gesund und
vegetarisch ernährt. Da könnte es für
die jungen, internationalen Angestellten
in der Nähe des Savignyplatzes zum
Beispiel frittierte Möhren geben, mit
gebrannten Mandeln und Haselnüs-
sen bissig gemacht, durch gegrillten
Paprika rauchig unterlegt und mit einer
Knoblauch-Chili-Sauce zurückhaltend
angeschärft. Hokkaido-Kürbis mit gerös-
tetem Sesam, frischem Koriander und
einer Avocado-Curry-Senf-Soße mag die
Alternative sein.
Kantstr. 135, Charlottenburg, toki-thewhite
rabbit.de, tgl. 9–20 Uhr, Hauptgerichte 10–14 €

Vegan & genial
Lucky Leek 🍴 K 1
Der Hauptgang könnte aus geschmor-
tem Seitanfilet mit Kimchi-Rettich in
Szechuan-Pfeffersauce mit Servietten-
knödel und Steckrübensalsa bestehen,
davor karamelisierten Feta mit einer

Karotten-Haselnusspraline und zum Dessert Pistazien-Marmorschnittchen. Bunt wie auf dem Kindergeburtstag. Hier kann man Neues probieren und gesund essen.

Kollwitzstr. 54, Prenzlauer Berg, T 030 66 40 87 10, www.lucky-leek.com, U: Senefelder Platz, Mi–So 18–22 Uhr, 5 Gänge 59 €, Hauptspeise 19 €

Vietnamesisch-vegetarisch
Samâdhi Karte 2, G 4

Man kann ganz in der Nähe vom Brandenburger Tor gut und überwiegend vegan essen. Vegan (Erklärung für Mutti): Das ist kein Fleisch, kein Fisch, kein tierisches Eiweiß. Umso mehr Miso und Tofu und Kokos und Ingwer und Karamell und asiatische Gewürze.

Wilhelmstr. 77, Mitte, T 030 22 48 88 50, www.samadhi-restaurant.de, S/U: Brandenburger Tor, U: Mohrenstraße, tgl. 12–23 Uhr, Hauptgerichte 9,50–12,50 €, Mittagsgerichte Mo–Fr 6,50–8,50 €

Friedrichshain für Veggis
Vöner östl. M 5

Den vegetarischen Döner gibt es nur in Friedrichshain. Hierher kommen Veggis aus aller Welt. Holger, der Erfinder des Vöners, braucht jetzt einen zweiten Zirkuswagen, weil den Warteschlangen vor seiner vegetarischen Kochstation auf Festivals nicht beizukommen ist.

> **W**
> **WANDEL**
>
> Nach dem Mauerfall war ganz Berlin eine **Gourmet-Wüste.** Dann kamen die klassischen Hotel-Restaurants mit Sicherheit im Rücken. Später wollte man unabhängig sein – ein eigenes Restaurant wagen. Gourmet, klassisch, auf **Sterne-Niveau.** Und jetzt, analog zum Umbau der Gesellschaft, locker, globalisiert, ziemlich wohlhabend, kommt die experimentierfreudige Generation der **Guerilla-Köche.** Das erleben wir im Moment.

Geschmacklich liegt der Vöner dicht beim Döner, ist aber rein vegan. Der Wagenburger, ein Getreide-Gemüse-Bratling, ist vegetarisch. Die Pommes werden aus Demeter-Kartoffeln frisch geschnitzt. Holger selbst wohnt weiter in einer Wagenburg – mit Kamin und DSL. Wenn es im alten Job nicht mehr klappt – Wie wäre es dann mit einem eigenen Vöner-Laden? Holger hilft: Er liefert den Vöner-Spieß.

Boxhagener Str. 56, S: Ostkreuz, www.voener.de, tgl. 12–23 Uhr, Vöner Kebab 4,50 €, Dürüm Vöner 5 €

INSTITUTIONEN UND SZENETREFFS

Penthouse aus Glas
Facil Karte 2, F 5

Über dem Mandala entstand eigens für das Facil ein nobler, scheinbar schlichter Glaskubus, in dem man direkt unter den Sternen zu sitzen meint. Bei der verblüffenden, fischreichen Küche von Sterne-Koch Michael Kempf eraht man ihre intellektuelle Durchdringung, die aber – auch aufgrund des lockeren Service – von hehrer Gaumenfreude ins emotionale Lot gebracht wird. So könnte ein Menü aussehen: Gewürzlachs mit Sauerrahmmus und Kartoffelbaumkuchen; geschmorte Rinderschulter mit Lauch und Gänselebersauce; Rohmilchkäse, Dessert von Lebkuchen und Rumtopffrüchten; Topfenknödel mit Waldbeeren. Passend dazu, aber nicht im Menüpreis enthalten, sind die Weine.

Potsdamer Str. 3, Tiergarten, T 030 590 05 12 34, www.facil.de, S/U: Potsdamer Platz, Mo–Fr 12–15 und 19–22 Uhr, Menü ab 80 €

Gleich am Kanzleramt
Paris–Moskau E 3

An der Bahnlinie Paris–Moskau werden Spezialitäten beider Länder innovativ variiert – ein kulinarischer Genuss mit Top-Service und einer interessanten, unkonventionellen Weinkarte. Das Restaurant als Geheimtipp zu bezeichnen, wäre übertrieben, aber da es abseits der Szeneviertel liegt, trifft man vor

Kölsch mit Beuys in der Ständigen Vertretung

allem auf gastrofreudige Berliner. Direkt dahinter liegt das Bundesinnenministerium. Mittags merkt man das.

Alt-Moabit 141, Tiergarten, T 030 394 20 81, www.paris-moskau.de, S/U: Hauptbahnhof, Mo–Fr 12–15 und ab 18, Sa nur ab 18 Uhr, Abendmenü drei Gänge ab 44, vegetarisch vier Gänge 46 €

Stars & Sternchen

Ständige Vertretung 🍺 Karte 2, G 3
»Jubel in Berlin, Empörung in Bonn: Einen der lautesten Gegner des Umzugs zieht es inzwischen selbst in die Metropole«, berichtete der SPIEGEL. Das Haus von Friedel Drautzburg, der früher mit Ulrich Wickert ein Weinlokal in Bonn betrieb, ist immer überfüllt. Man bleibt gern bei Flammkuchen und Kölsch. Aber die Chance, Politiker jeder Prägung live zu erleben, ist dort ziemlich hoch. Das läuft in Berlin ziemlich ungezwungen ab.

Schiffbauerdamm 8/Ecke Albrechtstr., Mitte, T 030 282 39 65, www.staev.de, S/U: Friedrichstraße, tgl. 10.30–1 Uhr, Mittagstisch 12–15 Uhr, Flammkuchen ab 9,90 €

Zünftiges Brauhaus

Georgbräu 🍺 Karte 2, J 4
Eisbein mit Molle und Korn, Sauerkraut und Erbspüree, Berliner Buletten mit Salat, ein Meter Georg-Pils – das sind

zwölf Gläser – zu 18 €: In diesem Lokal mit eigener Brauerei isst man deftig und gut – muss auch mal sein. Der große Sommergarten mit Blick auf den reitenden Georg und die fließende Spree ist

CURRYWURST & CO.

Die Currywurst ist untrennbar mit Berlin verbunden. Am 4. September 1949 soll sie erfunden worden sein von **Herta Heuwer** (1999 verstorben), die eine Würstchenbude am Stuttgarter Platz hatte. Ihr zu Ehren wurde eine Gedenktafel an der Ecke Kantstraße/Kaiser-Friedrich-Straße angebracht. Heute gehen jährlich 70 Mio. Currywürste über die Tresen. Schlangen bilden sich z. B. am Ku'damm 195 (Höhe Schlüterstraße), wo man zur Currywurst, auf dem Porzellanteller serviert, als Spezialität des Stehimbisses wahlweise einen Piccolo oder eine Flasche Dom Perignon zu 120 € erstehen kann. Hier holen sich Promis aus Kultur und Politik gern eine Curry. Das gilt als cool, und niemand quatscht sie an.

oft voll besetzt. Berliner Küche gibt es sonst nicht so oft, aber im Nikolaiviertel könnte man auch einige Schritte weiter ins Zum Nußbaum gehen.

Spreeufer 4, Nikolaiviertel, Mitte, T 030 242 42 44, www.georgbraeu.de, U: Klosterstraße, tgl. ab 12 Uhr

Hipster wird's nicht
Café Sankt Oberholz J 2

Das Café wirkt wie ein Büro mit lauter Selbstständigen oder Kreativen, die ihren Laptop vor sich aufgebaut haben, vertieft sind, nicht aufblicken, kaum miteinander reden. »Ich kann mich hier besser konzentrieren als zu Hause.« Ob das ein Einblick in die zukünftige Welt der Metropolen ist? Es gibt Milchfladen, Ökotoast, frische Säfte, Bagels, Club Mate und vor allem schnelles WLAN.

Rosenthaler Str. 72a/Ecke Torstr., Mitte, T 030 24 08 55 86, www.sanktoberholz.de, U: Rosenthaler Platz, Mo–Do 8–22, Fr bis 24, Sa 9–24, So 9–22 Uhr

Ältestes Berlin
Zur letzten Instanz Karte 2, K 4

Im Schatten der Kirche liegt Berlins älteste Wirtschaft, 1621 von einem Reitknecht des Großen Kurfürsten als Branntweinstube gegründet. Napoleon war hier, da hatte er gerade Louisiana an die USA verkauft, der französische Präsident Jacques Chirac war dreimal da und verspeiste mit Gerhard Schröder die ›Beleidigungsklage‹ und ›Zeugen-Aussage‹, nämlich Matjes-Tartar, Eisbein mit Sauerkraut und Erbspüree. Das Eisbein ist so groß, dass man es kaum allein verzehren kann, und von der Bedienung lernt man problemlos das Berlinern.

Waisenstr. 14–16, Mitte, T 030 242 55 28, www.zurletzteninstanz.de, U: Klosterstraße, Di–Sa 12–1, So bis 22 Uhr, warme Küche bis 23 Uhr, Hauptgerichte 13–19 €

EXPERIMENTIERFREUDIG UND UNGEWÖHNLICH

Jenseits von Afrika
Massai nordöstl. J 1

Tatsächlich wie bei den Massai: Kochbananen mit einer außergewöhnlichen Spinatart und Erdnusssoße. Dazu Bananen-Bier, das reinhaut, aber auch andere afrikanische Biere. Mein Qualitätsurteil: echt gut. Man könnte sagen: aufgrund der guten Zutaten hier, wegen des hervorragenden Fleischs, manchmal sogar besser als im Original. Ich habe viele Jahre in Ostafrika gelebt. Vegetarier kann man dorthin mitnehmen, es gibt eine überraschend vielfältige vegetarische Platte.

Lychener Str. 12, Prenzlauer Berg, T 030 48 62 55 95, www.massai-berlin.de, U: Eberswalder Straße, Mo–Do 16–24, Fr–So 13–24 Uhr, Hauptspeisen 9–19 €

Die coolsten Köche Berlins findet man im vegetarischen Restaurant Cookies Cream.

Mit Blick auf den Oranienplatz
ORA 🕐 K 6
Ich kannte das Café-Restaurant vorher als Apotheke, in der seit 1886 das spätere und heute noch bestehende pharmazeutische Unternehmen Dr. Kade anfing. Die klassische Apothekeneinrichtung – sie wirkt, als stünde der Apotheker Theodor Fontane hinter der Kasse – ist für das Café erhalten geblieben. Der Mittagsimbiss kommt in kleinen Einmachgläsern, etwa Blumenkohl-Risotto, schmackhaft, unkompliziert. Die Kuchen sind erste Sahne und abends gibt es Craft-Bier. Für die lange Tour durch Kreuzberg ist das Ora zu jeder Tageszeit interessant – auch ethnologisch: Viele Einheimische aus den benachbarten Kreativschmieden haben hier Auslauf.
Oranienplatz 14, www.ora-berlin.de, Mo–Fr ab 12, Sa/So ab 9.30 Uhr

Legendär
Cookies Cream 🕐 Karte 2, G/H 4
Leicht zu verfehlen und so angesagt wie kaum ein Restaurant. Koch Stephan Hentschel erzählt: Jamie Oliver und Tim Mälzer – also die prominentesten Köche – waren da, Pink Floyd, Tom Hanks und ähnliche Kaliber. Alles fing über dem Club Cookies in der Charlottenstraße an. Dort war ein Speakeasy, ein echt illegales Restaurant vom Feinsten, ohne Wissen der Hauseigentümer eingebaut. Von meiner Buchhandlung Berlin Story im gleichen Haus Unter den Linden konnten wir durch den Keller und die Tresorräume der Eisenbahner Bank (Film: »Der Bruch« mit Götz George über die Pannewitz-Bande, 1951) in den Club und ins Restaurant. Ich bin also etwas voreingenommen. Seit einigen Jahren befindet sich das angesagteste vegetarische Restaurant des Landes ohne Ausschilderung in einem Hinterhof der Komischen Oper – vorbei an den Müllcontainern, dann ein Treppchen hoch. Der Weg ist auf der Homepage anschaulich geschildert. Zum Essen: »Wir schmeißen die Karotten nicht ins Wasser, sondern schweißen sie luftdicht mit Ölen und Gewürzen ein, dämpfen sorgsam. So nehmen sie Aromen an und geben ihre eigenen nicht ans Wasser ab.«

In Berlin sind die Leute, die das können. In Berlin sind die Leute, die sich trauen, die das Risiko eingehen. In Berlin sind die Menschen, die sich auf das Neue einlassen, die sich von dieser Küche überraschen lassen möchten. Deswegen kann sich in Berlin dieser **Trend der neuen asiatischen Küche** entfalten. Die Restaurants heißen Basil, Zenkichi, The Club Kitchen, Long March Canteen oder Yumcha Heroes und Roy &Pris.

Behrenstr. 55, Tel: 030 2749-2940, http://cookiescream.com, Di–Sa ab 18 Uhr, 4 Gänge 59, 3 Gänge 49 €

Legal – illegal – Preußenpark
Thaiwiese 🕐 A 7/8
Am Sonntag kochen an die hundert Frauen aus Thailand, den Philippinen und Vietnam an den kleinen Ständen unter bunten Gartenschirmen. Das geht gar nicht, sagen Bezirk, Ordnungsamt und wahrscheinlich die Hygienevorschriften. Geht prima, finden die Berliner: ein kleines asiatisches Paradies mitten in Preußen, awesome tasty food, hidden ›little Bangkok‹ in Germany. Mango-Papayasalat Som Tam, Hähnchenspieß, Bohnen, Tomaten, unreife Papaya mit Limetten, Fischsauce, Chili und Knoblauch. Ein modernes Landsmannschaft-Treffen.
Der Preußenpark mit der Thaiwiese liegt nördlich des Fehrbelliner Platzes in Wilmersdorf. Google Maps hilft mit ›Thaiwiese‹ weiter. Öffnungszeiten: immer, besonders sonntags.

Vietnam ganz im Heute
Basil – Vietnamese Eatery and Bar
🕐 L 1
Die alte Eckkneipe wandelt sich zusammen mit dem Prenzlauer Berg und entpuppt sich heute als angenehmes, außergewöhnlich gestyltes vietnamesisches Restaurant. Helles Holz, grüne Wände

und großzügiges Licht sorgen für ein angenehmes Ambiente. Die aufmerksame Bedienung ist flott, man kann also besonders mittags frisch, schnell und die Currys mit auf den europäischen Gaumen abgestimmter Schärfe essen. Das Mittagsmenü zu 6,90 Euro mit einer kleinen Suppe könnte bestehen aus einem Bao-Burger mit Mangosalat, Koriander, Süßkartoffeln und vietnamesischer Soße. Für Vegetarier gibt es gebratenen Tofu mit frischem Ingwer, Knoblauch und Duftreis.

Winsstr. 65, T 030 55 28 59 00, www.basil.asia, 11–23 Uhr, Hauptgerichte 7–10 €

Radikalisierung des Regionalen
Nobelhart & Schmutzig 🔴 H 6

An die erstklassigen lokalen Produkte kommt nicht einmal Pfeffer, Zitrone oder Olivenöl. Es wird nur ein einziges Menü angeboten, das von der Jahreszeit und lokalen Angeboten abhängt. Flugente vom Prignitzer Landhof bei Perleberg oder Runkelrübe vom Landwirtschaftskollektiv »Wilde Gärtnerei« in Rüdnitz – das macht eine biologisch orientierte und saisonale Regionalküche aus.
Für die Statusesser, die ein Menü als Bestätigung ihres Erfolgs brauchen, sei das ein Problem, sagt Chef Billy Wagner. Aber die Zielgruppe sozial-ökologisch orientierter Menschen finde das gut. Man sitzt direkt in der Küche, dort gibt es 27 Plätze. Zudem gibt es einen Tisch für bis zu 14 Gäste. Die aus zehn Gängen bestehende Mahlzeit bekommt man für 95 € einschließlich Leitungswasser.

Friedrichstr. 218 (südlich Checkpoint Charlie), Kreuzberg, T 030 25 94 06 10, www.nobelhart undschmutzig.com, Di–Sa ab 18.30 (Küchenannahmeschluss 22.30 Uhr), vierwöchige Sommerpause

Vom Bauern mit Handschlag
Eins unter Null 🔴 G 2

Dogmatisch regional: In die Küche und auf den Tisch kommt nur, was in Brandenburg erzeugt oder auf Streuobstwiesen gesammelt wurde, und ausschließlich, wenn man dem Produzenten vorher tief in die Augen geschaut hat. Beispielsweise Knochenmark-Nüsschen mit Topinambur und süßsaurem Apfel-

mus. »Wir verführen Sie zu unbewusst gewordenem Geschmack. Klar, sensibel und ohne Schnickschnack.«
Man isst dort Champignonköpfe und Haselnuss, Spannrippe vom Rind und Knollensellerie, Buchweizen und Kürbis, Kräuterseitling mit grünem Speck und Sonnenblumenkerne. Das klingt etwas nach traditioneller deutscher Küche. Wer aber die drei etwas freakigwirkenden Gastgeber sieht, weiß sofort, dass es anders kommt.

Hannoversche Str. 1, T 030 27 57 78 10, www.einsunternull.com, Lunch Di–Sa 12–14, Dinner Mo–Sa 19–23 Uhr, mittags vier Gänge 59 €, fünf Gänge 69 €, abends sechs Gänge 99 €, aufsteigend bis zu acht Gängen 119 €

Berliner & Touristen
Lutter & Wegner 🔴 Karte 2, H 4

Wo der Schriftsteller E. T. A. Hoffmann im 1811 gegründeten Traditionshaus bei Sekt versackte, tummeln sich heute am Gendarmenmarkt glückliche Japaner ebenso wie die Weingutbesitzerin vom Kap, die hier nach Herzenslust den 800 Weinen frönen kann. Dazu gibt es aus der österreichisch inspirierten Küche Tafelspitz, Kalbsgulasch mit Spätzle, Wiener Schnitzel und Kaiserschmarrn, aber auch Kalbshaxensülze, Brandenburger Landente oder ostpreußisch-herzhaften Sauerbraten. Die kräftige Gasthaus-Küche wird auf höchstem Niveau gepflegt, jetzt auch mit zuverlässigem Service.

Charlottenstr. 56, Mitte, T 030 20 29 54 15, www.lutter-wegner-gendarmenmarkt.de, U: Französische Straße, tgl. 11–3 (warme Küche bis 1), Weinstube bis 3 Uhr, Hauptgerichte ab 18,50 €

Duftig & scharf
Rani 🔴 D 7

Ein indischer Schnellimbiss inmitten einer preisgünstigen Global-Village-Restaurant-Landschaft. Köstlich ist der mit Koriander marinierte Viktoriabarsch in Limonenblättern (6 €). Auch die üppigen Portionen Tofu oder Garnelen mit exotischen Zutaten sind günstig. Gleich nebenan liegt Baba Angora, ein anatolisches Restaurant mit dem großen Sultan Sofrasi-Menü, einem Querschnitt türkischer Gastronomie mit vielen exotischen Früchten und Desserts.

Goltzstr. 32, Schöneberg, T 030 215 26 73,
www.ranirestaurant.de, U: Nollendorfplatz,
So–Do 12–24, Fr/Sa 12–1 Uhr

Stars & Sternchen
Borchardt  Karte 2, H 4

Mit dem Borchardt zog Glanz in Berlins
Mitte ein: Der durch Säulen gegliederte
Hallenbau, einst Versammlungsort der
hugenottischen Gemeinde, schafft das
richtige Ambiente für Politiker, Fernseh-
kommissare, Vorabendserien-Sternchen
und Talkshow-Master. Das Borchardt ist
das In-Restaurant schlechthin. Kati Witt
und Jack Nicholson trafen sich dort,
Hillary Clinton, Mick Jagger, Arnold
Schwarzenegger, Madonna und Leonar-
do DiCaprio speisten hier ebenso wie
Barack Obama. Es ist nämlich so, dass
es vom Luxushotel Regent Berlin in der
Charlottenstraße am Gendarmenmarkt
einen Gang zum Borchardt gibt. Promis
können kommen und sich wieder
absetzen, ohne allzu viel Wirbel zu
machen.

Französische Str. 47, Mitte, T 030 81 88 62 62,
www.borchardt-catering.de, U: Französische
Straße, tgl. 11.30–24 Uhr, Hauptgerichte um
25 €

Extro- und vertiert
Grill Royal  Karte 2, H 3

Die maximale Vereinigung von Geld
und Glamour mit Blick auf die Spree.
Models und Promis aus Film und
Clubwelt geben sich ein Stelldichein.
Die besten Steaks aus Argentinien und
Irland, australisches Wagyu, American
Porterhouse und japanisches Kobe Beef
von Taijma-Rindern, traditionell auf klei-
nen Höfen aufgezogen. Boris Radczun,
der Chef, war vorher bei Cookies (▶ S.
95), als es noch illegale Speakeasy-
Restaurants gab, dann machte er das
Felix im Hotel Adlon – gibt es auch nicht
mehr. Inzwischen betreibt er mehrere
temporäre und ständige Restaurants.
Forum Berlin, Berlinale oder Fashion
Week – alle lassen sich gern von »ein
Kilo Garnelen« verwöhnen, fast ein
Diät-Gericht, mit viel Knoblauch und
Rosmarin in die Pfanne gehauen.

*Streetfood in Berlin? Jeden Sonntag,
ausgerechnet im Preußenpark*

Friedrichstr. 105b, Mitte, von der Weidendamm-
brücke treppab direkt an der Spree, T 030 28
87 92 88, www.grillroyal.com, S/U: Friedrichstraße, tgl. ab 18 Uhr, Hauptgerichte 29–125,
Ossietra-Imperial-Kaviar aus deutscher Aquakultur
298 €

KEBAB UND STREETFOOD

Kebab Party mit türkischem Street-
food und Musik im Prinzessinnen-
garten am Moritzplatz. Leider nicht
immer, aber immer aufregend.
Da machen mit das Adana aus
Kreuzberg, das Fes-Turkish BBQ,
der Konak Grill vom Kottbusser Tor,
Osmans Töchter sowie District Môt.
Streetfood Markets an jedem
Do 17–22 Uhr, Markthalle 9,
Eisenbahnstr. 42 in Kreuzberg;
an den Wochenenden auf dem
RAW-Gelände in Friedrichshain, Sa/
So 12–2 Uhr, mit exotischen Street-
foodküchen; an jedem So 11–18
Uhr kommen zur Kulturbrauerei
(Schönhauser Allee 36) mehrere
Food Trucks, sprich kreative Küche
auf Rädern.

Dezentral ist gut und schlecht. Gut, weil vielfältig und überraschend. Schlecht, weil nicht alles in einem Viertel zu finden ist. Man kommt schön herum beim Shoppen. Der Weg ist das Ziel.

Kleine Läden für Mode und Lebenskultur sind rund um den Savignyplatz, den Winterfeldtplatz, den Nollendorfplatz, in der Bergmannstraße, im Wrangelkiez in Kreuzberg, im Reuterkiez (Neukölln) und rund um den Wasserturm in Prenzlauer Berg zu finden.

(Fast) alle Wünsche werden wahr

Für die Berliner ist ja der Späti am wichtigsten. Für die tägliche Versorgung mit Bier, Brot und Käse reicht das. Für Besucher der Stadt spielen Spätis eher eine völkerkundliche Rolle. Man kann die Einheimischen da gut ansprechen.

Egal, wo die Schwerpunkte des Shoppings liegen – eigentlich ist das KaDeWe immer dabei. Zum Einkaufen und einfach auch zum Staunen. Ein paar Euro bleiben da schon hängen, und sei es in der Feinschmeckeretage.

Gehobene Mode gibt es am oberen Ku'damm Richtung Savignyplatz. Und dann? Schwierig, weil es so viele Einkaufsviertel und Straßen gibt. In Sachen Malls rümpfen manche die Nase, andere finden sie ganz toll. Entgegen oberflächlicher Gerüchte sind nicht alle gleich. Für Menschen, die sich für Architektur und Design interessieren, die dem Heute aufgeschlossen sind, bieten sich beim Besuch der vielen und vielfältigen Malls schöne Vergleiche, und vielleicht sieht man auch die eine oder andere neue Idee. In die Malls fließt so viel Geld, da sind die Experten des Konsums zugange.

Kleine Geschäfte sind überall auf die Kieze verteilt. Es werden mehr. Immer wieder macht sich jemand selbstständig. Selbst in kleineren Kiezen ist es nicht einfach, einen Laden zu ergattern. Worauf man achten könnte? Auf Leerstände. Gibt es nicht. Überall prosperiert es. Das hängt auch damit zusammen, dass sich der Tourismus verteilt. Danke!

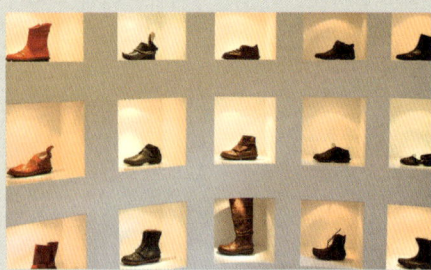

Trippen – der Schuh formt das Bewusstsein.

BÜCHER UND MUSIK

Echt noch auf Platte
L&P Classics 🛍 C 6
Das wichtigste Geschäft für Klassik.
19 000 CDs sind ständig auf Lager und
von den 500 Neuerscheinungen im
Monat wird das beste eingekauft. Albert
Wagner hat in einem Buchladen angefangen und dort die Tonträgerabteilung
geleitet. Dann gab es eine Tal- und jetzt
wieder Bergfahrt. Die Opernabteilung
ist besonders ausgeprägt. Wagner organisiert 80 Konzerte im Jahr und fördert
PianistInnen wie Sophie Pacini.
Welserstr. 28, Schöneberg, T 030 88 04 30 43,
www.facebook.com/www.lpclassics.de, Mo–Sa
10–19 Uhr

Für Lesesüchtige
Flohmarkt am Kupfergraben
🛍 Karte 2, H 3
Ein echter Klassiker unter den
Flohmärkten in klassischer Umgebung,
direkt an der Museumsinsel. Comics,
grafische Erzählungen, Krimis, Ratgeber,
überraschenderweise auch immer
wieder bibliophile Raritäten, die nicht
im Internet angeboten werden. In dem
Haus gegenüber vom Pergamon-Mu-
seum, vor dem zwei Polizisten stehen,
wohnt übrigens Angela Merkel.
Am Kupfergraben, Mitte, S/U: Friedrichstraße,
jeden Sa/So 13–17 Uhr

DELIKATESSEN UND LEBENSMITTEL

Schokohauptstadt
Fassbender & Rausch 🛍 Karte 2, H 4
Eine lange Pralinentheke mit 500 Scho-
koladeprodukten, von allem das Feinste,
dennoch zu Preisen, die es erlauben,
Kinder, Freunde und Kollegen damit
glücklich zu machen. Wilhelm Rausch
kam 1918 nach Berlin und begann, feine
Pralinen, Schokolade und Honigkuchen
herzustellen. Aus sechs Plantagen – alle
in Äquatornähe – kommt der wertvolle
Edelkakao. Die Bunte Schokowelt von
Ritter Sport ist übrigens nicht weit in der
Französischen Straße 24.
Am Gendarmenmarkt, Charlottenstr. 60, Mitte,
T 030 75 78 80, www.fassbender-rausch.de, U:
Stadtmitte, Mo–Sa 10–20, So 11–20 Uhr

Kreuzberg Gourmet
Marheineke-Markthalle 🛍 H 8
Die große Halle, die ursprünglich aus
dem 19. Jh. stammt, wurde 2007 auf-
wendig restauriert. Das Warenangebot
unterscheidet sich nicht sehr von dem
anderer szeniger Märkte, aber Gebäude
und Atmosphäre sind etwas Besonderes.
Es gibt Antipasti aus Griechenland,
Italien und Spanien, gute Weine und
Käsespezialitäten für die verwöhnten
Kreuzberger Gourmets.
Marheinekeplatz, Kreuzberg, U: Gneisenau-
straße, www.meine-markthalle.de, Mo–Fr 8–20,
Sa 8–18 Uhr

Türkisch knabbern
Smyrna 🛍 L 6
Nüsse, Kichererbsen, Trockenfrüchte,
Ingwer, Maulbeeren, Pinienkerne, Feigen
und Pistazien, aber auch Kaplama,
Karisik, Kavrulmus, Kavurga und Kaysi.
Morgens sieht man hier eher türkische
Mütter, dann kommen allmählich die
jungen Leute aus den Federn, und bis
spät in die Nacht sitzen Türken und
Deutsche auf den Bänken vor dem
farbenfroh beleuchteten Smyrna.
Oranienstr. 27, Kreuzberg, U: Kottbusser Tor,
Bus: M29, tgl. 9–2 Uhr

*Käse und Wein, Bio-Lebenskultur in
der Markthalle*

Austern für alle
Galeries Lafayette 🛍 Karte 2, H 4
L'Art de vivre, französische Mode und
sehr gute Lebensmittel- sowie Bistro-
abteilung (Baguettes immer, Austern
manchmal).

Das Glücksgefühl, wenn ein Traum auf dem Flohmarkt in Erfüllung geht …

Friedrichstr. 76–78, T 030 20 94 80, www.
galerieslafayette.de, U: Stadtmitte,
Mo–Sa 10–20 Uhr

Kaufglück
KaDeWe 🛍 C 6
Im berühmtesten Kaufhaus Deutschlands und größten Warenhaus auf
dem europäischen Kontinent geht es
schick und edel zu. Vom knöchellangen
Morgenmantel über zarteste Dessous
bis zu aphrodisierenden Austern findet
man hier tatsächlich alles.
Tauentzienstr. 21–24, T 030 212 10, www.
kadewe.de, U: Wittenbergplatz, Mo–Do 10–20,
Fr 10–21, Sa 9.30–20 Uhr

FLOH- UND STRASSENMÄRKTE

Schönes Schöneberg
Winterfeldtmarkt 🛍 D 7
Berlins beliebtester und größter
Szene-Markt: internationales Angebot,
Sehen und Gesehenwerden an über
280 Ständen, an denen es Obst, Ge-
müse, Fisch oder Käse gibt, auch von
märkischen Bauern, gleich daneben
türkische und arabische Händler,
›selbstgemachtes‹ Kunsthandwerk,
Kerzen, Oliven, Antipasti, Klamotten,
Schuhe.

KUNST KAUFEN

Das Spektrum der 250 Galerien reicht
von etablierten Klassikern bis zu
mutigen Avantgardisten: Dabei setzen
die gut 20 Charlottenburger Galerien
rund um den Ku'damm zwischen
Fasanenstraße und Savignyplatz
auf zahlungskräftige Sammler; die
Galerien in der August-, Gips-,
Sophien-, Linien- und Dircksenstraße
in Mitte eher auf die junge Szene
mit trendigem Geschmack. Das Art
Forum Berlin bietet Ende September/
Anfang Oktober Gelegenheit, sich
einen Überblick über die Kunst im
Allgemeinen und Investitionsmöglich-
keiten im Speziellen zu verschaffen
(www.art-forum-berlin.de). Werke
von jungen Künstlern hängen in
Kreuzkölln in Galerien, Kneipen, Bars
oder beim Friseur.

Winterfeldtplatz, Schöneberg, U: Nollendorfplatz, Mi 8–14, Sa 8–16 Uhr

Babel-Basar
Flohmarkt am Mauerpark
🔒 nördl. J 1
Der Mauerpark ist eine typische
Berliner Sehenswürdigkeit: »Hier gibt es
weder eine Mauer, noch einen Park.«
(Wladimir Kaminer). Ein internationaler
Flohmarkt von jungen Leuten mit 500
Ständen aus Friedrichshain und Prenzlauer Berg, Italien, Spanien, den USA
und der Ukraine. Karaoke am Sonntag-
mittag; man kommt leicht ins Gespräch
und fühlt sich hip. Der Flohmarkt kommt
als Must-See bei jungen Touristen (bis
zu 30 000 Besuchern pro Sonntag)
gleich nach dem Brandenburger Tor.
Bernauer Str./Ecke Schwedter Str., Prenzlauer
Berg, U: Eberswalder Straße, So 8–18 Uhr

Klassische Vielfalt
Straße des 17. Juni 🔒 B-D 4
Nicht ganz billig, aber der professio-
nellste und schönste Flohmarkt Berlins.
Er kann eine Fundgrube für Berolinensien, hervorragende Antiquitäten und
auch Kunst sein.
Am Tiergarten, U: Ernst-Reuter-Platz, S: Tiergarten, Sa/So 10–17 Uhr

GESCHENKE, DESIGN, KURIOSES

Wie beim Alten Fritz
Königliche Porzellan-Manufaktur
🔒 B/C 4
Ob Service oder edles Einzelteil – alles
ist seit 1763 auf Kabinettsorder von
Friedrich II. hin mit dem Zepter aus
dem Wappen des Erzkämmerers der
Mark Brandenburg in der Farbe »Bleu
mourant« gezeichnet. Für Georg Friedrich Prinz von Preußen, den heutigen
Chef des Hauses Hohenzollern, wurde
ein Frühstücksservice mit Müslischale
entworfen. Bill Gates hat in den vergangenen Jahren mehrere Tausend Teile ge-
ordert, jeweils mit seinem Monogramm
versehen. KPM, sagen die Experten,
zeichne sich durch klare Formen aus.
Makellose Glasur, einfach schön.

Da schlendert man einkaufend durch
die Straßen und sieht auf einmal ein
paar zusammengebundene Schuhe,
die über einem Ampelmast hängen.
Oder an einer Telefonleitung. Oder
es kann auch, wie an der Prenzlauer
Allee/Ecke Sredzikistraße, ein ganzer
Baum voller Schuhe sein. Was hat
dieses merkwürdige Phänomen zu
bedeuten? In Amerika sollen damit
Drogengebiete markiert sein, in
Schottland geben angeblich junge
Männer damit bekannt, dass sie ihr
erstes Mal hatten – aber in Berlin ist
Shoefiti reine Kunst im öffentlichen
Raum, Volkskunst, nicht subventio-
niert.

Wegelystr. 1, Charlottenburg, www.kpm-berlin.
de, S: Tiergarten, Mo–Sa 10–18 Uhr, Führungen
jeden Sa um 15 Uhr, 10/5 €

Vietnam in der Hauptstadt
Dong Xuan Center 🔒 östl. M 3
Nach der Wiedervereinigung kehrten
viele der 60 000 Vertragsarbeiter
aus der DDR nach Vietnam zurück –
Abfindung 3 000 DM. Andere dagegen
blieben, wurden Händler, verkauften
Klamotten und Blumen. In sechs Hallen
sind hunderte Geschäfte untergebracht, dicht an dicht. Die gesamte
aktuelle LED-Beleuchtungs-Kollektion,
Geschenkartikel, Gewürze, künstliche
Deko-Blumen sowie BHs in allen Größen, Farben und Formen – als ob Hanoi
nach Lichtenberg in die sechs riesigen
Lagerhallen gezogen wäre. Restaurants
und Imbissbuden gibt es natürlich auch.
Herzbergstr. 128–139, Lichtenberg, www.dong
xuan-berlin.de, Mi–Mo 10–20 Uhr

Die Welt entdecken
Der Aussteiger 🔒 östl. M 5
Karabiner für den Kletterpark im nahen
RAW (► S. 106) oder farbige Wasser-
flaschen fürs Überleben im Großstadt-
dschungel, Pflaster in dichten Blech-

dosen, Blechdosen zum Käferfangen, die klassischen Primuskocher mit Gaskartusche, für älteren Entdecker Mini-Espressokannen, dazu Rucksäcke in allen Farben und Größen – gibt's bei diesem Ausstatter für die Safari durch Friedrichshain oder das große Outdoor-Abenteuer in der ganzen Welt.

Warschauer Str. 26, Friedrichshain, T 030 29 77 72 77, www.der-aussteiger.de, Mo–Fr 12–20, Sa bis 18 Uhr

Green Dog
Biogassi mit Hauptstadthund 🔒 M 2
Natürlich in Prenzlauer Berg und so gelegen, dass man den Hund vorher im Volkspark Friedrichshain ausführen kann – zur Freude der Jogger. Leinen, Beuteltaschen und Maulkörbe aus Biothane. Norweger-Geschirre für kräftige Hunde, Designer-Halsbänder. Auf der Speisekarte stehen zertifiziertes Bio-Schaf, Bio-Rind und Bio-Gans, aus Bayern oder Mecklenburg-Vorpommern; jedenfalls kein mit Hormonen vollge-pumptes Antibiotika-Fleisch.

Hufelandstr. 33, Prenzlauer Berg, www.haupt stadthund.de, Mo–Fr 11–18, Sa 12–15 Uhr

....
MODE, ACCESSOIRES
....

Berliner Schuhe weltweit
Trippen 🔒 J 2 und Karte 2, J 3
Das Berliner Schuhlabel verbindet solide Handwerkskunst mit gehobenem Design, Neuentwicklungen findet man in der Alten Schönhauser Straße.

Hackesche Höfe 4 & 6 und Alte Schönhauser Str. 45, Mitte, de.trippen.com, U: Weinmeisterstraße, Mo–Fr 11–20, Sa 10–20 Uhr

Schönes altes Berlin
Berliner Antikmarkt 🔒 Karte 2, H 3
Vom Bahnhof Friedrichstraße Richtung Hackescher Markt wird die am längsten bestehende Sammlung an alten Möbeln, Bildern, Haushaltswaren und Nostalgi-schem der ganzen Stadt angeboten. Vie-le Berolinensien, Bücher und Schmuck sind in diesem bunten Sortiment zu finden. Man kann in Ruhe stöbern, ohne angequatscht zu werden.

Georgenstr. 200/S-Bahnbögen, Mitte, T 030 208 26 55, www.berliner-antikmarkt.de, S/U: Friedrichstraße, Mi–Mo 11–18 Uhr

Trendy über der Schulter
BagAge 🔒 H 8
Hier werden trendige Taschen jeder Art angeboten: DJ-Taschen, recycelte LKW-Taschen, Fahrradtaschen – das volle Berliner Programm.

Bergmannstr. 13, https://bag-age.de, Kreuzberg, U: Gneisenaustraße, Mo–Sa 11–19 Uhr

Der Bügel muss sitzen
Rose Rosa 🔒 A 6
Man könnte meinen, dass Frauen ihre Dessous mittlerweile lieber online bestellen. Aber 80 % der BHs passen dann nicht richtig, klemmen irgendwie, sagt Christine Wurl von Rose Rosa. Büstenhalter, Höschen, Badeanzüge – alles sieht hier super aus und wirkt mit Beratung wie auf die Haut geschnitten. Und das Geschäft gibt es bereits seit den 1980ern, als Balconette-BHs hierzu-lande noch fast unbekannt waren.

Bleibtreustr. 48, Charlottenburg, T 030 312 21 40, www.dessous-berlin.com, S: Savignyplatz, Mo–Fr 11–19, Sa 11–17 Uhr

Mehr als Mode
Glücklich am Park 🔒 J 1
Krimskrams, Mode, Waffeln und Eis (und zwar 60 Sorten, auch vegane), Sofas, Schuhe. Die Mode kommt von kleineren Labels aus Skandinavien und aus Berlin.

Kastanienallee 54, Prenzlauer Berg, T 030 48 62 33 48, www.kaufdichglücklich.de, U: Rosen-thaler Platz, tgl. 11–21 Uhr, Café länger

Prada preiswert
Macy'z 🔒 A 6
Schon 1985 hat Theresia Wirtz diesen Laden als den ersten für hochwertige Secondhand-Klamotten gegründet. Die Artikel von Armani, Gaultier, Gucci, Jil Sander und Prada sind hervorragend gepflegt. Auf Messen und Modeschau-en hatte sie Frauen mit überzähligen Klamotten und dem Wunsch nach etwas Cash kennengelernt. Damit war sie die Vorreiterin, denn heute gibt es in der Mommsenstraße weitere hochklassige Secondhandläden: Ariane (Nr. 4), Caro

(Nr. 65), Bibab (Nr. 62), Seconda (Nr. 61) und Madonna (Nr. 57).

Mommsenstr. 2, Charlottenburg, T 030, 881 13 63, www.facebook.com/Macyz.de, U: Uhland-straße, S: Savignyplatz, Bus M19, M29, Mo–Fr 12–19, Sa 12–16 Uhr

Partyklamotten
Made in Berlin 🔒 J 2/3
Crème de la Crème aus zweiter Hand auf zwei Etagen. Zwischen 12 und 15 Uhr ist Happy Hour mit 20 % Rabatt. Zum Einkleiden für Partys und Kostümfeste die beste Adresse.

Neue Schönhauser Str. 19, Mitte, U: Wein-meisterstraße, Mo–Sa 12–20 Uhr

To wear everywhere
Red Wing Shoes 🔒 J 3
Schuhe, die man überall tragen kann – das ist ja mal neu: Minkoil für die Pflege, dazu Panamahüte, passende T-Shirts, ein Paradies für Hipster mit dicken Hornbrillen und gleich um die Ecke für solche weiblichen Geschlechts im Women's Store. Das passt in diese Ecke Berlins, wo es fast so schnieke ist wie in München. Es schaudert die Ureinwohner in ihren Trainingshosen, aber wenigstens kommen endlich Steuer zahlende junge Menschen nach Berlin …

Münzstr. 8 und Almstadtstr. 1, Mitte, T 030 27 87 96 38, www.redwingberlin.com, U: Wein-meisterstraße, Mo–Sa 11–20

Eyecatcher
Tukadu 🔒 J 2/3
Eine kleine, bezaubernde Welt voller außergewöhnlicher und farbenfroher Utensilien – von kitschigen Engeln bis hin zu knallroten Plastik-Erdbeeren. Die Perlen aus Glas, Keramik, Acryl, Holz, Horn, Metall, Swarovski-Strass und anderen Materialien lassen einen selbst zum kreativen Designer werden.

Rosenthaler Str. 46/47, Mitte, T 030 283 67 70, www.tukadu.de, S: Hackescher Markt, U: Weinmeisterstraße, Mo–Sa 11–20 Uhr

Manufaktur der Meister
Meisterschuh 🔒 L 5
Wenn man durch das große Schaufenster blickt, hat man den Geruch des Leders schon fast in der Nase. Jeder

Außergewöhnliche Schmuckkreationen am Kollwitzplatz

Maßschuh für Damen und Herren aus natürlich gegerbten Ledersorten ist ein Unikat, von Maßschuhmachern und Orthopädie-Schuhtechnikern an den Fuß geschmiegt, handgenäht. Gleich mitnehmen kann man die eleganten und reparaturfreundlichen Schuhe allerdings nicht.

Engeldamm 64, Mitte, www.meisterschuh.com, Bus 147: Adalbertstraße, U 8: Heinrich-Heine-Str., Mo–Fr 8.30–18.30, Sa 10–14.30 Uhr

Sozial und fair
Wesen 🔒 L 8
Hier werden Sachen von Designern, Schmuck- und Schuhmachern, aber auch Unterwäsche und Taschen und Geldbörsen angeboten, die sozial und fair hergestellt werden, in Neukölln, Berlin und der Welt. Sandalen können vegan sein, das Race-Shirt ist aus *organic cotton*, und die Mangoholzarmreife wurden von lokalen Experten handgefertigt und veredelt – alles ökologisch und ethisch einwandfrei.

Tellstr. 7/Ecke Weserstr., Neukölln, T 030 54 59 22 77, https://wesen-berlin.com, U: Herrmann-platz, Mo–Sa 11–19 Uhr

FÜR LAUFFREUDIGE

Einen langen Marsch unternehmen: Moritzplatz – Oranienstraße – Oberbaumbrücke – RAW – Simon-Dach-Straße. Zurück schafft das keiner.

FÜR FORTGESCHRITTENE

In der M 10-Nachtstraßenbahn eine Volksbefragung nach Geheimtipps durchführen.

FÜR FAULE

Oranienburger (Ost), Savignyplatz (West), Oranienstraße (Kreuzberg), Potsdamer Platz – für alle gilt: Da sind Berliner und Touristen, viel Essen, bisschen Kultur.

Ein bisschen Kondition wäre gut

»Wie würde sich denn heute eine orientieren, die in Berlin ausgehen will?« – »Lesbisch oder hetero?«

Die Orientierung funktioniert eigentlich immer noch wie in den 1970ern, nämlich mit den beiden Stadtmagazinen Zitty und TIP, die es auf Papier und online gibt. Auf berlin.de sind die Locations etwas kuratiert, man kann da allgemein unter »Ausgehen« oder speziell unter »Clubs und Party« nachsehen. Auf aktuellem Stand ist der ClubGuide mit allen Clubs und Auswahlmöglichkeiten nach Bezirk und Musikrichtung – Hunderte! Schwul und lesbisch findet man in der Zeitschrift Siegessäule.

Es könnte aber auch um Oper und Theater gehen. Schaubühne, Volksbühne, Deutsches Theater, Grips … Swing und Tango … Filmfestivals, Theaterfestivals, Musikfestivals, drinnen und draußen. Die nächtlichen Welten von Tempodrom am Anhalter Bahnhof, Mercedes-Benz Arena am Ostbahnhof, Waldbühne, Wuhlheide, Olympiastadion. Manche gehen ja sogar auf politische Veranstaltungen oder möchten etwas über Stadtplanung oder Architektur wissen und finden es gut, nicht nur zu sehen, was die Berliner aus ihrer Stadt gemacht haben, sondern auch mitzubekommen, wer die Klappe aufmacht.

Sicherheit? Es sind immer so viele unterwegs, an die man sich halten kann. Dunkle Ecken gibt es kaum. Großstädtisch normal, eher ruhig.

Yuriy Gurzhy, der Gründer der legendären »Russendisko«, live an den Turntables.

Der Sonne entgegentreten
Klunkerkranich ☼ südöstl. K 8
Vom Dach der Neukölln Arcaden hat
man einen phantastischen Blick. Es fängt
morgens mit dem Café an, und abends
erlebt man den Sonnenuntergang von
der Bar aus. Veranstaltungen, Musik, ein
riesiger Garten mit Thymian, Oregano und
Absinth – alles wird verarbeitet, in der
Küche, in den Cocktails. Am U-Bahnhof
Rathaus Neukölln aus dem Erdgeschoss
der Arcaden rauf auf die Dachterrasse.
Karl-Marx-Str. 66, Neukölln, www.klunkerkra
nich.de, U: Rathaus Neukölln, Mo–Sa ab 10,
So ab 12, immer bis 1.30 Uhr

Stimmungsmächtig
Newton Bar ☼ Karte 2, H 4
Perfekt komponierte Cocktails für
Jungvolk und Sugar Daddys in der vom
Berliner Architekten Hans Kollhoff aus
edlen Materialien entworfenen Bar, in
der es laut hergeht. Auf jeden Fall hat
man danach etwas zu erzählen.
Charlottenstr. 57, Mitte, T 030 20 29 54 21,
www.newton-bar.de, U: Stadtmitte,
So–Mi 11–3, Do–So 11–4 Uhr

Ruhig genießen
Windhorst ☼ Karte 2, G 3
Günter Windhorst ist ein klassischer,
entspannter Barkeeper. Bei ihm kann
man als Paar oder kleine Gruppe in
Ruhe einen Drink genießen.
Dorotheenstr. 65, Mitte, T 030 20 45 00 70,
www.windhorst-bar.de, S/U: Friedrichstraße,
Mo–Fr ab 18, Sa ab 21 Uhr

Kollektiver Rausch
Berghain ☼ östl. M 5
Das Berghain ist in einem ehemaligen
Heizkraftwerk untergebracht, der Name
ist aus den Endsilben von Kreuzberg
und Friedrichshain abgeleitet. Es wurde
2009 zum besten Techno-Club der Welt
gekürt und ist weithin dafür bekannt,
dass hier Rausch, Hemmungslosigkeit

Der legendäre Zoo Palast mit sieben
Kinos und 1650 Plätzen – zele-
brierter Filmgenuss. Für Cineasten
ist dagegen der Potsdamer Platz
die wichtigste Adresse in Berlin:
Hier finden die Filmfestspiele statt,
im Sony Center gibt es neben dem
Filmmuseum gleich zwei wichtige
Kinos, und das hier gelegene Arsenal gilt als das beste Kino Berlins.
Arsenal: ☼ Karte 2, F 5, www.
arsenal-berlin.de, zeigt Raritäten
und Filme, die man sonst nirgends
zu sehen bekommt.
CinemaxX: ☼ Karte 2, F 5, www.
cinemaxx.de, 19 Kinos für zusammen 3500 Besucher, Filmgenuss
für alle.
CineStar: ☼ Karte 2, F 5, www.
cinestar.de, hier werden Filme in
Originalversion gespielt, zum Teil
mit Untertiteln.
Zoo Palast: ☼ C 5, www.
zoopalast-berlin.de, schön wie ein
Opernhaus, Premierenkino.

und Ekstase an jedem Wochenende Tri-
umphe feiern. Wenn die Nacht und das
Verlangen fortschreiten: Es gibt auch
Darkrooms, dunkle Gänge und Kabinen.
Auf der Unisextoilette mit vorgelagerter
Bar treffen sich Frauen und Männer –
letztere bleiben auch gern unter sich. In
der Panoramabar geht es eher hetero
zu. Nicht am Türsteher vorbeigekom-
men? Einfach zu einem der vielen
Kulturevents gehen.
Rüdersdorfer Str. 70, Am Wriezener Bahnhof,
Friedrichshain, T 030 29 36 02 10, www.
berghain.de, S: Ostbahnhof

Nastrovje
Kaffee Burger ☼ J 2
Der Ort, an dem Wladimir Kaminer liest
und auflegt: die Russendisko. Daneben
liegt der ›Klub der polnischen Versager‹.
Torstr. 60, Mitte, T 030 28 04 64 95, www.
kaffeeburger.de, U: Rosenthaler Platz,
Mo–Do 21–5, Fr/Sa 21–8, So 21–24 Uhr

Wenn die Nacht beginnt

Grandioser Weitblick
House of Weekend ⚙ Karte 2, K 3
Junges Publikum tanzt dicht gedrängt
im 15. Stock eines sonst weitgehend
leerstehenden Hauses, mit Blick über
Berlin von der Dachterrasse aus. House,
Deep House, Techno, Electro.
Alexanderstr. 7 im DDR-Haus des Reisens, Mitte,
T 030 24 63 16 76, www.houseofweekend.
berlin, S/U: Alexanderplatz, Do–So ab 23 Uhr

TANZ UND BALLETT

Die Tanz-Szene Berlin kann man in
ihrer großen Vielfalt ganz einfach
entdecken. Vom klassischen
Ballett bis zum zeitgenössischen
Tanz haben sich die Projekte und
traditionellen wie freien Spielstät-
ten zusammengeschlossen. Unter
www.tanzraumberlin.de ist alles zu
finden, auch die TanzCard, mit der
es 20 % auf alles gibt.
(T 030 46 06 43 51, TanzBüro Berlin)

Hart und zart
Sage ⚙ K 5
Bei KitKat (Fr und Sa ab 23 Uhr) geht
es mit House, Techno und Trance in
Fetischklamotten um direkte körperliche
Annäherung.
Köpenicker Str. 76, Mitte, T 030 278 98 30,
www.sage-club.de bzw. www.kitkatclub.org,
U: Heinrich-Heine-Straße, Do »Rock at Sage«

Spielwiese
RAW-Tempel ⚙ östl. M 5
»Es sieht aus wie eine apokalyptische,
flächendeckend mit Graffiti eingesprüh-
te Trümmer- und Ruinenlandschaft, ist
aber immer noch in Betrieb und wird
vom Partyvolk genutzt«, schreibt Jakob
Strobel y Serra in der FAZ. Vegetarische
Restaurants, Clubs, Ausstellungen,
Porno-Karaoke mit Conferencier Bobby
Blowjob, Kletterwände … Subkultur pur.
Der Bezirk Kreuzberg hat beschlossen,
das riesige RAW-Gelände soll nun »dau-
erhaft als Kultur-, Freizeit und Naherho-
lungsstandort« erhalten werden. Aber
ein Investor hat es gekauft. Verfolgen

Sie den spannenden Kampf zwischen
Gut und Böse. Nachts Taschendiebstähle, Übergriffe.
Revaler Str. 99 an der Warschauer Brücke, durchgehend geöffnet

Kraftwerk
Tresor ⚙ K 5
Techno in allen Spielarten im Batterie-
raum und im Tresor. Dazu Kunstausstel-
lungen und Lichtinstallationen. Dimitri,
der Schöpfer des Tresor, macht auch
beim Bürgerverein Luisenstadt mit –
rund um das Engelbecken.
Köpenicker Str. 70, Mitte, www.tresorberlin.de,
U: Heinrich-Heine-Straße, Mo, Mi, Fr/Sa ab 23 Uhr

Industriedenkmal
Kulturbrauerei ⚙ nördl. K 1
Ein buntes Programm aus Konzerten,
Events und Partys, dazu mehrere
Restaurants, gutes Kino und gelegentlich
Märkte – dafür steht die stadtbekannte
Kulturbrauerei in Prenzlauer Berg. Sie ist
recyceltes Industriezeitalter: Die Back-
steingebäude sind ein Industriedenkmal
vom Ende des 19. Jh.
Schönhauser Allee 36–39/Danziger Str., Prenzlau-
er Berg, T 030 44 35 21 70, www.kulturbrauerei.
de, U: Eberswalder Straße, Tram: 12, M1, M10

LIVEMUSIK

Spitzenstars
Philharmonie ⚙ Karte 2, F 5
Die Heimat der Berliner Philharmoniker,
Karten unbedingt vorbestellen. Die
Akustik ist unübertroffen, auch im
Kammermusiksaal.
Herbert-von-Karajan-Str. 1, Tiergarten,
Karten: T 030 25 48 89 99 (nur mit Kreditkarte,
tgl. 9–18 Uhr), www.berliner-philharmoniker.de,
S/U: Potsdamer Platz, Bus: M29, 200, M41

Jazztempel
A Trane Jazzclub ⚙ A 5
Modern Jazz, Bebop und Avantgarde,
auch Groove-Jazz oder Zigeuner-Swing
mit Einflüssen aus Rajasthan sowie
Berliner Pianisten mit Improvisationen.
Bleibtreustr. 1/Ecke Pestalozzistr., Charlot-
tenburg, T 030 313 25 50, www.a-trane.de,

S: Savignyplatz, tgl. Konzerte ab 21 Uhr,
Fr/Sa open end

Vielfalter
B-flat ⚙ J 2
Jazz live querbeet. Fast an jedem Tag ein
Livekonzert, ohne stilistische Ausrichtung, vielfältig, lebendig.
Dircksenstr.40, Mitte, T 030 283 31 23,
www.b-flat-berlin.de, S/U: Hackescher Markt,
tgl. ab 20 Uhr

Legendär
Quasimodo ⚙ B 5
Der Jazz-Keller unter dem Kino Delphi.
Jazz, Blues, Folk, Funk, Rock, live ab
22 Uhr. Das Quasimodo ist einer der
renommiertesten Live-Clubs in Europa.
Kantstr. 12a, Charlottenburg, T 030 31 80 45
60, www.quasimodo.de, S/U: Zoologischer
Garten, Di–Sa ab 21 Uhr

Einzigartig
Waldbühne ⚙ westl. A 4
Barenboim, Max Raabe oder die Philharmoniker – auf der schönsten Freilichtbühne Europas spielen sie alle gern.
Nähe Olympiastadion, Glockenturmstr. 1, T 030
74 73 75 00, www.waldbuehne-berlin.de,
S: Pichelsberg, S: Olympiastadion

....

KABARETT, MUSICAL, SHOWS
....

Unübertrefflich
**Gutes Wedding – Schlechtes
Wedding** ⚙ nördl. F 1
Das schrägste und eigenwilligste Theater.
Alle vier Wochen gibt es ein neues Programm. Erst denkt man: »Ach, die spielen
nur sich selbst«, bis man merkt: Die
spielen zu viert 20 Rollen. Taxidönerfahrer
und Prenzlwichser sind Kultfiguren.
Müllerstr. 163, Wedding, T 030 49 90 79 58,
www.primetimetheater.de

Klamauk & Impro
Chamäleon ⚙ J 3
Klamauk und Klamotte, Artistik, Varieté,
moderner Zirkus, flippig, improvisiert
und selbstironisch.
In den Hackeschen Höfen, Mitte, T 030-400 05
90, www.chamaeleon-variete.de, S: Hackescher

Markt, Kartenkasse Mo 11–18, Di–Fr 11–20,
Sa 11–22.30, So 12–19 Uhr

Besser als Las Vegas
Friedrichstadtpalast ⚙ H 3
Ein verlassenes Revuetheater wird durch
eine Undergroundparty aus dem Tiefschlaf
gerissen – das ist die Story zu THE ONE
GRAND SHOW mit Kostümen von Jean
Paul Gaultier, der längsten Girlsreihe der
Welt, der phantastischsten Bühnentechnik
– unter den 10 Must-Sees der N.Y. Times.
Friedrichstr. 107, Mitte, T 030 23 26 23 26,
www.palast.berlin.de, S/U: Friedrichstraße, tel.
Bestellung: Mo–Sa 9–20, So 10–18 Uhr

Das Comedy-Original
Scheinbar ⚙ F 8
Da man erst zu Beginn der Vorstellung
weiß, wer in diesem improvisierten Kabarett auftritt, kann es entweder ein echtes
Highlight werden – oder aber ein Flop.
Monumentenstr. 9, Schöneberg, T 030 784 55
39, www.scheinbar.de, U: Kleistpark,
S: Julius-Leber-Brücke, Mi–Sa 20 Uhr

Wie in den Zwanzigern
Wintergarten Varieté ⚙ E 6
Anknüpfend an die Tradition der
1920er-Jahre zeigt der Wintergarten

OPER

Drei große Opernhäuser, mehrere
kleine – einmalig auf der Welt.
In der **Deutschen Oper** (⚙ westl.
A 4) in der Bismarckstraße treten
die Weltstars auf. Vorübergehend
befindet sich fast nebenan die
Staatsoper Unter den Linden
(⚙ A 4), nämlich im Schillertheater,
Bismarckstr. 110. Bis der Umbau
vorbei ist – keine Ahnung, wann.
Die **Komische Oper** (⚙ G 4),
früher nur in deutscher Sprache, ist
tatsächlich Unter den Linden – fast,
Eingang Behrenstraße. Opernfreunde
sollten sich die Chance nicht entgehen lassen, in die **Neuköllner Oper**
(⚙ südöstl. K 8) zu gehen. Innovativ,
schräg, aber erste Sahne.

Wenn die Nacht beginnt

LINIE M 10

Wer sich erinnert, war nicht dabei. »Is mir egal« ist der Hit zur Straßenbahn. **Der Kultstatus dieser Straßenbahnlinie** ist schon durch die hohe Anzahl von Bewertungen bei Yelp belegt. »Die Bahn mit den meisten roten Augen, buntesten Kostümen, Bierflecken, dem lautesten Gelächter, Döner essenden Mitfahrern … der ideale Ort für Trendscouts, Psychologiestudenten, Nerds, Darsteller, Kneipenhopper … wenn man eh schon Bauch an Bauch steht, kann man sich schließlich auch mal unterhalten und 'ne Pulle teilen …« Die Bahn heißt auch Sterni-Express, ein Hinweis auf das in allen Spätis günstige Sternburger Bier. Da sich die Club-Landschaft rasant wandelt, ist die M 10 immer angesagte Informationsquelle für Clubgänger und Verpeilte zwischen Astro Bar, Berghain, Chalet, Magnet, Suicide Circus und Watergate.

vergnügliche, mystische und wahnsinnige Shows.
Potsdamer Str. 96, Schöneberg, tel. Kartenservice: 030 58 84 33, www.wintergartenvariete.de, U: Kurfürstenstraße, Bus M48

THEATER

Höchste Auslastung
Berliner Ensemble ✪ Karte 2, G 3
Das 1892 im Stil des wilhelminischen Barock fertiggestellte Theater am Schiffbauerdamm, das bereits Bertolt Brecht und Helene Weigel leiteten, wurde nach seiner Renovierung unter der Intendanz von Claus Peymann wiedereröffnet.
Bertolt-Brecht-Platz 1, Mitte, T 030 28 40 81 55, www.berliner-ensemble.de, S/U: Friedrichstraße, Karten: Mo–Sa 10–18.30 Uhr

Theater-Klassiker
Deutsches Theater und Kammerspiele ✪ G 3
Hier schlägt das Herz des Berliner Theaterlebens, einst von Max Reinhardt geleitet, seit 2009 unter der Leitung von Ulrich Khuon. Drei Bühnen: das Große Haus mit 600 Plätzen in einem Saal von 1850, die Kammerspiele mit ca. 230 Plätzen (1906 von Max Reinhardt in modernem Design eingerichtet) und die 2006 neu eröffnete Box – für hautnahes Theater, neue Texte und aktuelle Themen.
Schumannstr. 13a, Mitte, T 030 28 44 12 25 (Theater), T 030 28 44 12 26 (Kammerspiele), www.deutschestheater.de, S/U: Friedrichstraße, Karten: Mo–Sa 11–18.30 Uhr, So 15–18.30 Uhr und Abendkasse

BERLINER STRANDBARS

Party ganztags an Spree und Kanälen: Die Strandbar Mitte und der Oststrand sind Neuschöpfungen dessen, was früher Biergärten am Wasser waren, durch menschliche Willenskraft und 120 oder mehr Tonnen feinkörnig-weißen märkischen Sandes neu geschaffen. Liegestühle, Strandkörbe, Sonnenschirme sowie Erfrischungsgetränke, Cocktails, Bier und Kleinigkeiten gegen das Verhungern.
Strandbar Mitte: ✪ Karte 2, H 3, Monbijoustr. 3, T 030 28 38 55 88, www.strandbar-mitte.de, U: Oranienburger Tor, S: Oranienburger Straße
Capital Beach: ✪ Karte 2, F 3, Ludwig-Erhard-Ufer, T 0163 565 41 22, www.capital-beach.eu, S/U: Hauptbhf.
Badeschiff an der Arena: ✪ östl. M 6, Eichenstr. 4, T 030 533 20 30, www.arena-berlin.de, U: Schlesisches Tor, S: Treptower Park, Bus: 265
Freischwimmer: ✪ östl. M 6, Vor dem Schlesischen Tor 2a, T 030 61 07 43 09, www.freischwimmer-berlin.de, U: Schlesisches Tor

Zeitgenössisch
Maxim-Gorki-Theater ☼ Karte 2, H 3
Intendanz seit 2013/14: Shermin Langhoff. Ensemble- und Autorentheater, zeitgenössische Inszenierungen des klassischen Dramas und der klassischen Moderne des 19. und 20. Jh. sowie Stoffe aus Berlin.
Am Festungsgraben 2, Mitte, T 030 20 22 11 15, www.gorki.de, S: Hackescher Markt, Bus: 100, 200, Kasse Mo–Sa 12–18.30, So 16–18.30 Uhr und Abendkasse

Klassische Moderne
Schaubühne ☼ westl. A 6
Thomas Ostermeier arbeitet als künstlerischer Leiter und Regisseur an der aktuellen Interpretation von Stücken William Shakespeares. Regietheater, mehrere dem Haus eng verbundene Gastkünstler.
Kurfürstendamm 153, Wilmersdorf, T 030 89 00 23, www.schaubuehne.de, U: Adenauerplatz, Bus: M19, M29, Kasse Mo–Sa ab 11, So/Fei ab 15 Uhr

Wild & schräg
Volksbühne ☼ K 2
Frank Castorf bezeichnete sein Theater als ›Panzerkreuzer‹, und er führte es auch so: Blut spritzte, es wurde geschrien, geschlagen, kopuliert. Wie sich der Intendantenwechsel auf das experimentelle Theater auswirken wird, bleibt abzuwarten.

Grips – das berlinerischste aller Theater

Roter und Grüner Salon mit Lesungen, Diskussionen und Konzerten.
Linienstr. 227, Mitte, T 030 24 06 57 77, www.volksbuehne-berlin.de, U: Rosa-Luxemburg-Platz, Kasse tgl. 12–18 Uhr und Abendkasse

Off-Theater – unbedingt!
Grips ☼ C 3
Das Grips ist das originellste aller Berliner Theater. Jedes der Stücke, vorneweg natürlich die legendäre Berliner Musikrevue »Linie 1« sowie »Eine linke Geschichte«, versprüht den Esprit der Stadt unübertrefflich sicher, locker und tiefgründig. Auch für Erwachsene.
Altonaer Str. 22, Tiergarten, T 030 39 74 74-77, www.grips-theater.de, U: Hansaplatz, telefonischer Kartenservice: Mo–Sa 10–14 Uhr

Jung & frech
HAU – Hebbel am Ufer ☼ G/H 6/7
Internationale Gastspiele und eigene Produktionen, darunter viel Tanztheater.
HAU 1, Stresemannstr. 29, HAU 2, Hallesches Ufer 32, HAU 3, Tempelhofer Ufer 10, T 030 25 90 04 27, www.hebbel-am-ufer.de, U: Hallesches Tor

Multikulti
Ballhaus Naunynstraße ☼ L 6
Migrationstheater mit Kultstatus. Neben jungen, verschleierten Mädchen und türkischen Intellektuellen sitzen Sie am Puls der Zeit.
Naunynstr. 27, T 030 75 45 37 25, www.ballhaus naunynstrasse.de, U: Kottbusser Tor, Bus: M29

SCHWUL UND LESBISCH
Schwul und lesbisch spielt sich – wie schon in »Cabaret« – rund um den Nollendorfplatz ab, in der Fuggerstraße. Www.siegessaeule.de und www.schwulesmuseum.de, www.mann-o-meter.de und www.schwuz.de sind die einschlägigen Seiten.
Nicht nur aufgrund der Anonymität der Großstadt ist es für die LGBT-Gemeinschaft in Berlin angenehm, hier geht es wirklich ganz zentral um Toleranz. LGBT? – siehe Wikipedia.

Hin & weg

**...vom Flughafen Tegel (TXL,
🗺 Karte 5) in die Stadt:**
City Ost: Der TXL-Express-Bus verkehrt
tgl. 6.30–22 Uhr, meist im 5–10-Min.-
Takt zum Reichstag, Unter den Linden,
Alexanderplatz. 30–40 Minuten,
BVG-Ticket 2,70 €. Wegen der zahlrei-
chen Veranstaltungen oder Demonstrationen fährt der Bus manchmal nur bis
zum Hauptbahnhof. Es könnte sein,
dass die Busstrecke deswegen generell
verkürzt wird. Auf den Displays an den
Haltestellen wird mitgeteilt, wenn der
Bus nicht fährt.
City West: Der Expressbus X9 fährt
alle 5 bis 10 Minuten zum Bahnhof Zoo
über Jakob-Kaiser-Platz (U7) S/U-Jung-
fernheide und Ernst-Reuter-Platz (U2).
Fahrtzeit etwa 20 Minuten, BVG 2,70 €.

BERLIN WELCOME CARD

Die Berlin WelcomeCard ist zunächst
ein Fahrschein für den ÖPNV (U-
Bahn, S-Bahn, Straßenbahnen, Busse,
auch Fähren der BVG) für bestimmte
Zeiten von 48 Stunden bis zu sechs
Tagen. Gleichzeitig erhält man
aber auch Vergünstigungen in rund
200 touristischen und kulturellen
Einrichtungen, etwa bei Stadtrundfahrten, Rundgängen, Radtouren,
Schiffsfahrten, Attraktionen, Museen,
Bühnen und in einigen Restaurants.
Das sind Anzeigen im Heft. Wer drin
ist, zahlt. Es sind alle wesentlichen
Anbieter drin und als Kunde haben
Sie neben diesem Buch einen weite-
ren Überblick zum Berliner Angebot.
Es ist sinnvoll, sich vor der Fahrt nach
Berlin etwas mit der WelcomeCard
zu beschäftigen. (Als Online-Ticket
erhältlich sowie am BVG-Automat
oder im Hotel. 19,50 €, www.
berlin-welcomecard.de)

U-/S-Bahn: sind von Verkehrsbehinde-
rungen weit seltener betroffen als die
Busse.
Taxipreise ab Flughafen Tegel:
City-West–Bahnhof Zoo: ca. 21 €,
City-Ost–Alexanderplatz: ca. 26 €
(Der Besitz eines Taxischeins heißt
übrigens nicht, dass der Fahrer sich
auskennt. Besser selbst auf dem Smartphone die Strecke kontrollieren: https://
taxi-rechner.de ist ganz praktisch.)
Hinweis: TXL soll geschlossen werden,
wenn der neue Flughafen BER öffnet,
aber das steht ja in den Sternen.
**...vom Flughafen Schönefeld (SXF,
🗺 Karte 5) in die Stadt:**
von 4.30 bis 23 Uhr alle 30 Min. mit
dem Airport Express RB 14–Karlshorst–
Ostbahnhof–Alexanderplatz–Friedrichstraße–Hauptbahnhof– Zoologischer
Garten (bis hier 30 Min.)–Charlottenburg–Spandau. Ticket ABC (nicht AB
wie in der Stadt), ständig lauern dort
Kontrolleure, wo die Tarifzone sich
ändert. Nahezu immer Schlangen an
den Fahrkartenautomaten in SXF, weil
sie schwer verständlich sind und es zu
wenige gibt.
Busverbindungen bestehen zu nahezu
allen Städten in Deutschland und vielen
größeren Städten in Europa. Der Busbahnhof befindet sich am Messegelände
in Charlottenburg gegenüber dem
ICC, Masurenallee 4 (U: Kaiserdamm,
Bus 149 vom Zoologischen Garten, S:
Messe Nord/ICC) sowie am Ostbahnhof.
Dort halten immer mehr Busse, und
aufgrund der günstigeren Lage und der
vielen neuen Verbindungen wird sich
der Busverkehr weiter zum Ostbahnhof
und teils zum Alex verschieben (www.
berlinlinienbus.de, www.flixbus.de).

Visitberlin.de: T 030 25 00 23 33,
www.visitberlin.de
Hauptbahnhof: 🗺 F 2/3,
tgl. 8–22 Uhr

Europa Center: 🗺 C 6, Mo–Sa 10–20 Uhr
Fernsehturm: 🗺 Karte 2, J3, 10–18 (Winter 16) Uhr
Kranzler Eck: 🗺 B 6, Kurfürstendamm 21/Passage, tgl. 10–20 Uhr, So geschl.
Brandenburger Tor: 🗺 G 4, Südliches Torhaus, tgl. 9.30–19 Uhr

Magazine mit aktuellen Infos:
– Zitty: alle zwei Wochen, 3,50 €
– TIP: alle zwei Wochen, 3,50 €
– Berlin Programm: monatlich, 2 €
– [030]: alle zwei Wochen mit Szene- und Partytipps, gratis in Kneipen
– Siegessäule: Monatszeitschrift für Schwule und Lesben, gratis.

Berlin im Internet:
www.berlin.de: Die offizielle Informationsseite der Stadt ist extrem umfangreich, auch für Kunst und Kultur, und dient als zentrales Web-Portal mit den Seiten des Berliner Senats als Einstieg. Über die Berliner Mauer findet man unter www.berlin.de/mauer eine ausführliche Darstellung. Bestens geeignet zur Reisevorbereitung oder zum Stöbern.
www.visitberlin.de: Zur Vorbereitung einer Reise in die Hauptstadt ist auch diese Website gut geeignet. Um einiges schneller als berlin.de, übersichtlich und auf die Bedürfnisse von Touristen eingestellt. Man wird nicht mit Werbung zugemüllt, erfährt für die aktuelle Planung, was gerade los ist. 50 Top-Sehenswürdigkeiten und ein Online-

Museumsführer, der besser ist als der von Kulturprojekte, erleichtern die Orientierung. Hotels und Tickets für Veranstaltungen bucht man am besten hier.
www.dhm.de: Zur Geschichte der Stadt informiert am ausführlichsten das Deutsche Historische Museum.
www.orte-der-erinnerung.de: Museen, Gedenkstätten und Dokumentationszentren zur Geschichte der nationalsozialistischen Diktatur in Berlin und Brandenburg
www.berliner-zeitung.de: übersichtliche Internetseite, frühzeitig die aktuellsten Meldungen aus Berlin
www.tagesspiegel.de: Gute Übersicht und gute Verlinkung, die Ausgabe vom Folgetag ist früh im Netz. Jeden Morgen um 6 Uhr kommt der »Checkpoint«, eine kurze, freche, keinesfalls obrigkeitshörige Kurzinformation. Kann man abonnieren.
www.morgenpost.de: Berliner Zeitung
Google Maps: extrem genau, zugegeben. Aber wenn die Touris da immer mit ihrem Smartphone stehen, sich auf den Kopf stellen, nach links verrenken – wie wäre es stattdessen mit einem ganz normalen Stadtplan auf Papier? So wie hier hinten im Buch – Ihr Kauf war eine gute Entscheidung. Glückwunsch!

REISEN MIT HANDICAP

Rollstuhlpannendienst:
T 0177 833 57 73

Hier kamen die Rosinenbomber an, die während der Luftbrücke Berlin versorgten.

KRIMINALITÄT

Je mehr Touristen, desto mehr Taschendiebstähle: etwa 100 pro Tag.
Ein lapidares »Na, Sie wissen schon, wie Sie sich zu verhalten haben«, reicht leider nicht aus. Die Kinderbanden, die in Bahnhöfen klauen, machen pro Kopf 1000 € am Tag. Das Geld wird sofort nach Rumänien überwiesen. Dort befindet sich das Ausbildungszentrum.
Als ›Klemmbrettkriminalität‹ bezeichnet die Polizei die Unterschriftensammler. Sie klauen auch, werden mehr und mehr gewalttätig, nehmen den Passanten ihre Portemonnaies ab. Wer sich auf Hütchenspieler einlässt, kann nicht alle Tassen im Schrank haben. Häufig fallen leider junge Frauen darauf rein. Ganze Klau-Gruppen sind im TXL-Bus, am Busbahnhof, auf der Warschauer Brücke und nachts im RAW unterwegs.
»Vom Olympiastadion zur U-Bahn gibt es ein wüstes Geklaue«, sagt die Polizei. Beschmutzer-Trick, Stadtplan-Trick, bulgarische und rumänische polikriminelle (Kinder-)Banden. Zitat eines Angeklagten vor Gericht: »Was sich die normalen Leute nicht vorstellen können, ist der Kick, den Du beim Klauen hast!«
Wo wohlhabende Menschen sind, kommen die Kriminellen hin. Darüber haben sich schon die alten Römer beklagt. Diebe sind die Jäger und Sammler der Neuzeit.
Am sichersten ist man, wo man nur reinkommt, wenn man Eintritt bezahlt: im Museum, im Zoo und dergleichen. Aber nicht bei Rockkonzerten.
Was tun, wenn man bestohlen wurde? Zuerst die Karten sperren. Die Daten im Portemonnaie zu haben, ist an dieser Stelle nicht so schlau.

SICHERHEIT UND NOTFÄLLE

Polizei: T 110; **Feuerwehr:** T 112
Drogen-Notdienst: T 030 192 37
EC-Kartensperrung/Kreditkarten:
T 11 61 16; Visa, auch für Fremdsprachen (Anruf nur mit deutscher Sim-Karte möglich): T 0800 814 91 00; American Express: T 069 97 97 10 00
(Tipp: Spielen Sie die Kartensperre im Kopf einmal durch. Was brauchen Sie? Vielleicht im Smartphone die Nummer zur Kartensperre speichern? Falls Sie das dann noch haben. Wie werden Sie den Schock des Verlustes und die sofort notwendigen Handlungen koordinieren? Müssen Sie alle Ihre Kreditkarten plus Barmer plus Stadtbibliothek immer mit sich herumtragen?)
Handy sperren: Für die Komplettsperrung, also nicht nur die SIM-Karte, brauchen Sie die IMEI: Sternchen, Raute, 06, Raute (vorher, also JETZT!, woanders notieren).

T-Mobile: T 0180 330 22 02, mit einem Telekom-Handy: 22 02; Vodafone, T 0800 172 12 12, aus dem Vodafone-Netz: 12 12; Base: 0163 163 11 40, aus dem Base-Netz: 11 40; O2: T 01804 055 222, aus O2-Netz: 55 222

UMWELTFREUNDLICH UNTERWEGS

Öffentlicher Nahverkehr
Das U- und S-Bahn-Netz ist gut ausgebaut. Tageskarten kosten für zwei Tarifzonen, sprich den gesamte Stadtbereich, 7 €, Einzelfahrten 2,70 €, 4-Fahrten 9 €, 7 Tage 30 €. Potsdam und SXF gehören in die dritte Tarifzone ABC. Näheres auf der BVG-Homepage. Alle Tickets bekommt man an Automaten.
Betriebsbeginn der U-Bahn ist gegen 4 Uhr, Betriebsschluss um Mitternacht, viele Strecken werden durchgehend bedient. Ein dichtes Busnetz sorgt dafür, dass auch abseits der Bahnlinien keine Versorgungslücke entsteht. Zahlreiche Nachtbusse fahren im Halbstundentakt. In den BVG-Verkaufsstellen gibt es einen Nachtliniennetzplan gratis. Im Ostteil der Stadt verkehren außerdem

BVG – zuverlässig, jederzeit, »auch wenn Mutti Dich nicht abholt« …

Straßenbahnen ebenfalls bis tief in die Nacht.

Infos

T 030 194 49, www.bvg.de

Fahrradverleih

Gibt es überall: an den Hotels, an touristischen Hot Spots, an den Bahnhöfen.

STADTRUNDFAHRTEN

Die Stadtrundfahrten verschiedener Unternehmen beginnen in der Saison alle 15 Min. am Ku'damm gegenüber der Gedächtniskirche sowie Unter den Linden/Ecke Friedrichstraße. Sie fahren nahezu identische Strecken und dauern etwa 2 Std. ›Hop on-Hop off‹ kostet z. B. 20 €, dabei kann man zwischendurch aussteigen. Bei Demos oder Events fahren die Busse andere Routen.

STADTFÜHRUNGEN

Berlin wurde zur Hauptstadt der Stadtführungen, der Markt ist unübersichtlich, die Qualität sehr unterschiedlich. Das aktuelle Programm findet man in »Zitty« oder »TIP«. Bewährte Anbieter sind Stattreisen Berlin, www.stattreisen berlin.de, mehr als 70 unterschiedliche Führungen, auch mit O-Ton-Einspielungen via Audioguide bei Spaziergängen.

Kultur Büro Berlin: www.stadtver fuehrung.de, Architekt(o)uren mit kunstgeschichtlichem Schwerpunkt. Oder art:berlin, www.artberlin-online. de, Kunstführungen in Galerien, Ausstellungen etc.

Michael Bienert: Glück hat, wer an einer Tour mit Michael Bienert teilnimmt (text-der-stadt.de), weil Bienert sich seit Ewigkeiten mit Berlin befasst, schön erzählen kann, ein breites Spektrum drauf hat, gebildet ist (im Gegensatz zu den vielen ›Free-Tour‹-Selbstdarstellern) und immer am Puls der Zeit bleibt.

Berliner Unterwelten: In Berlin ging es los mit den Führungen im Untergrund, Dietmar Arnold hat das Projekt vorangetrieben (www.berliner-unterwel ten.de). Tote U-Bahn-Tunnel, Kanalisation, Mauerdurchbrüche, U-Bahnhof Gesundbrunnen – ein riesiges, spannendes und Berlin-typisches Programm. Mehrere Hundert Vereinsmitglieder kümmern sich darum, den Untergrund zu erschließen und zu pflegen.

O-Ton zu Berlin

Mr. Gorbachev, open this gate!

Ronald Reagan

Kreuzberger Nächte sind lang.

Gebrüder Blattschuss

ARM, ABER SEXY

Klaus Wowereit

First we take Manhattan – then we take Berlin.

Leonard Cohen

Jetzt wächst zusammen, was zusammen gehört.

Willy Brandt

Ich bin ein Berliner!

John F. Kennedy

I STILL HAVE A SUITCASE IN BERLIN.

Marlene Dietrich

Berlin ist eine Mischung aus Adrenalin, Chillout und Grün.

Burkhard Kieker

Sie betreten das Demokratische Berlin.

Eingangsschild DDR

Hier hat jeder seine Chance.

Bill Clinton

Vor Gott sind eigentlich alle Menschen Berliner.

Theodor Fontane

Register

Register

Das Klima im Blick

Reisen bereichert und verbindet Menschen und Kulturen. Wer reist, erzeugt auch CO_2. Der Flugverkehr trägt mit bis zu 10 % zur globalen Erwärmung bei. Wer das Klima schützen will, sollte sich – wenn möglich – für eine schonendere Reiseform entscheiden oder die Projekte von atmosfair unterstützen. Flugpassagiere spenden einen kilometerabhängigen Beitrag für die von ihnen verursachten Emissionen und finanzieren damit Projekte in Entwicklungsländern, die dort den Ausstoß von Klimagasen verringern helfen (www.atmosfair.de). Auch die Mitarbeiter des DuMont Reiseverlags fliegen mit atmosfair!

Abbildungsnachweis

DuMont Bildarchiv, Ostfildern: S. 93 (Specht)

Getty Images, München: S. 38 (Derimais); 12/13 (DESEO); 120/6 (Kontributor/ Hoensch)

Glow Images, München: S. 120/7 (imagebroker/Begsteiger); 22 (Schmies)

Johannes Großer, Berlin: S. 120/4

iStock.com, Calgary (Kanada): Titelbild, Faltplan (alexsl); S. 8/9 (bluejayphoto); 65 (Nikada); 20 (Patrizi)

laif, Köln: S. 16/17, 42, 111 (Adenis); 120/5 (API); 120/8 (Biskup); 55 (Blickle); 98 (Danner); 14/15 (hemis.fr/Gardel); 37, 62 (Hoffmann); 50, 73 (Jaeger); 60, 94 (Knechtel); 21, 39, 41, 51, 72, 75, 76 (Zenit/Langrock); 97 (Lueth); 89 (NYT/Redux/ Meichsner); 7 (Rigaud); 4 o., 64, 90 (Schwelle); 31, 104 (Welters); 68 (Wernet)

Look, München: S. 78/79 (age fotostock)

Mauritius Images, Mittenwald: S. 69 (Alamy/Berlin-Zeitgeist); 32, 103 (Alamy/Breitz); 67 (Elger); 34 (Alamy/Etcheverry Images); 99 (Alamy/Forsberg); 47 (Alamy/Game); 46 (imagebroker/GTW); 113 (Alamy/Hockenhull); 61 (Alamy/Horree); 44 (image-BROKER/Kohls); 56 (Alamy/Masterton); 120/2 (Alamy/PSI); 80 (Alamy/Reboredo); 43 (Novarc/Reister); 91 (Alamy/Roussel Images); 35 (pa/Schlesinger); 57 (Alamy/ Schoening/Bildagentur-online); 53 (Travel Collection); 49 (Alamy/Williams)

picture-alliance, Frankfurt a.M.: S. 24 (Balk); 109 (Eventpress Hoensch); 120/1 (Tages-spiegel/Rückeis); 71 (Steinberg)

VisitBerlin (Service rund um Ihre Berlin-Reise bietet der offizielle Berlin-Partner visit-Berlin: www.visitBerlin.de; info@visitBerlin.de; T 030 25 00 23 33): S. 58 (Adenis); 84 (Lindemann); 4 u. (Scholvien); 26, 29, 100 (Steffen)

Visum, München: S. 86 (Panos Pictures/Wallis)

Wikimedia Commons: S. 120/3, 120/9

Zeichnung S. 5: Antonia Selzer, Lörrach

Zeichnungen S. 2, 11, 36, 55: Gerald Konopik, Fürstenfeldbruck

Kartografie

DuMont Reisekartografie, Fürstenfeldbruck

© DuMont Reiseverlag, Ostfildern

Umschlagfoto

Titelbild: Brandenburger Tor

Hinweis: Autor und Verlag haben alle Informationen mit größtmöglicher Sorgfalt geprüft. Gleichwohl sind Fehler nicht vollständig auszuschließen. Alle Angaben erfolgen ohne Gewähr. Bitte schreiben Sie uns! Über Ihre Rückmeldung zum Buch und Verbesserungsvorschläge freuen sich Autor und Verlag:

DuMont Reiseverlag, Postfach 3151, 73751 Ostfildern,

info@dumontreise.de, www.dumontreise.de

2., aktualisierte Auflage 2019

© DuMont Reiseverlag, Ostfildern

Alle Rechte vorbehalten

Autor: Wieland Giebel

Redaktion/Lektorat: Michaela Peisch, Sebastian Schaffmeisterl

Bildredaktion: Stefan L. Scholtz

Grafisches Konzept: Eggers+Diaper, Potsdam

Printed in China

Kennen Sie die?

Leyla Piedayesh
Ihr Modelabel Lala Berlin hat ihr die Freiheit gebracht – 2004 noch alles selbst gestrickt. Im Iran der Mullahs wäre das nicht möglich gewesen.

Mr. Streetart
Freiheit stirbt, wenn sie von Wenigen mit ausgeprägter Selbstgerechtigkeit ausgenutzt wird, um Flächen in Parks oder an Häusern zu beschmieren.

Rosa Luxemburg
Freiheit ist immer die Freiheit der Andersdenkenden: belebend, heilsam, reinigend – und notwendige Voraussetzung jeder erfolgreichen Entwicklung.

Wieland Giebel
Darf die Freiheit in Berlin genießen und macht sie immer wieder zum Thema oder zum Produkt: in Büchern, Filmen, im Museum – und auf dieser Seite.

Marlene Dietrich
US-Präsident Harry S. Truman verlieh ihr 1947 die Freiheitsmedaille, weil sie Haltung wahrte und sich weigerte, die NS-Propaganda zu unterstützen.

Peter Fox
»Ich bin zwar nicht für bedingungsloses Bleiberecht, unterstütze trotzdem das gleichnamige Bündnis.« Die Toleranz des Sängers löste einen Shitstorm aus.

Der Berliner
John F. Kennedy machte ihn mit seinem Bekenntnis zur Freiheit West-Berlins weltbekannt. »Ich bin ein Berliner.« Das Symbol des Freiheitswillens.

Klaus Wowereit
»Ich bin schwul, und das ist gut so.« Dazu kann er in diesem aufgeklärten, liberalen, freiheitsliebenden und metropolitanen Umfeld stehen – zum Glück.

Friedrich der Große
»Hier soll jeder nach seiner Fasson selig werden.« Das bezog sich auf religiöse Minderheiten wie Katholiken und Glaubensflüchtlinge wie die Hugenotten.